AF367896

LE
PÈRE LEBONNARD

ŒUVRES DE JEAN AICARD

POÉSIE

Les Jeunes Croyances. (Lemerre, édit.)
Les Rébellions. Les Apaisements. (Lemerre, édit.)
Poèmes de Provence. (Charpentier, édit.)
Miette et Noré. (Ollendorff, édit.)
Le Dieu dans l'Homme. (Ollendorff, édit.)
L'Éternel Cantique. (Fischbacher, édit.)
Lamartine. (Ollendorff, édit.)
Visite en Hollande. (Fischbacher, édit.)
Le Livre des Petits. (Delagrave, édit.)
La Chanson de l'Enfant. (Fischbacher, édit., in-16; Chamerot, édit., in-8
    illustré.)
Le Livre d'heures de l'Amour. (Lemerre, édit.)
Au Bord du Désert. (Ollendorff, édit.)

THÉATRE

Othello, drame en cinq actes, en vers. (Charpentier, édit.)
Smilis, drame en quatre actes, en prose, représenté à la Comédie-Française.
    (Ollendorff, édit.)
Au Clair de la Lune, un acte en vers. (Lemerre, édit.)
Pygmalion, un acte en vers. (Lemerre, édit.)
Mascarille, à-propos en vers. (Lemerre, édit.)
La Comédie française a Londres. (Ollendorff, édit.)
La Comédie française a Alexandre Dumas. (Ollendorff, édit.)

CRITIQUE

La Vénus de Milo. (Fischhacher, édit.)

JEAN AICARD

LE
PÈRE LEBONNARD

DRAME EN QUATRE ACTES EN VERS

REPRÉSENTÉ POUR LA PREMIÈRE FOIS, A PARIS, SUR LE THÉÂTRE LIBRE,
LE LUNDI 21 OCTOBRE 1889

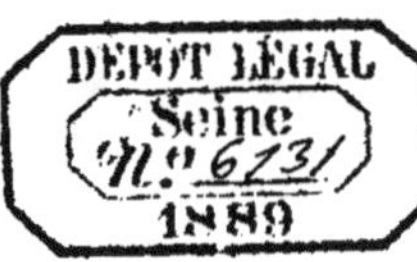

PARIS

E. DENTU, ÉDITEUR

LIBRAIRE DE LA SOCIÉTÉ DES GENS DE LETTRES

3, Place de Valois (Palais-Royal)

1889

(Tous droits réservés.)

DÉDICACE

A ALPHONSE KARR

Mon maître et mon ami,

Quand j'étais au lycée de Mâcon, j'allais souvent, le dimanche ou le jeudi, douze ans après 48, à Monceaux, chez Lamartine.

Un soir, après le dîner, il nous lut son Épître à Alphonse Karr, au jardinier de Nice, et ce fut là une de mes premières impressions littéraires. Je n'oubliai plus votre nom.

Vingt-cinq ans plus tard, j'ai lu au jardinier de Saint-Raphaël, devenu mon ami, une pièce de théâtre que je venais d'achever : LE PÈRE LEBONNARD.

Cette pièce, vous l'avez aimée. Quel que soit l'accueil que lui réserve le public de la Comédie-Française, je veux pouvoir dire tout haut ma joie de votre approbation, — et, sachant que vous êtes de ceux qui ne reprennent jamais rien de ce qu'ils ont donné, je vous la dédie, avec l'expression de mon admiration et de mon amitié.

J. A.

Paris, 1888.
(Pendant les répétitions de Lebonnard
à la *Comédie-Française.*)

LETTRE A M. ANTOINE

DIRECTEUR DU *Théâtre-Libre.*

Mon cher Antoine,

Bravo ! je sors de la répétition. Vous avez été, dans LEBONNARD, *admirable de simplicité, de force et de naturel.*

Tous les interprètes, sans exception, je le vois bien, ont aimé et senti mon drame.

Ce que j'ai cherché dans LEBONNARD *, c'est la vie toute simple, l'expression toute franche et comme parlée, — quoiqu'en vers. Et vous m'avez donné l'impression même de la vérité sous ces deux conventions: le vers et le théâtre.*

Vous êtes le champion d'un art dramatique nouveau. Vous comprenez que l'Art vit d'audace et de liberté, et que ses renaissances se font par l'audace et par la liberté, quand il meurt dans la lettre des traditions d'où l'esprit se retire.

Vous admettez loyalement la diversité des efforts sincères, et vous associez votre audace à toutes les audaces qui vont à un affranchissement.

Quoi qu'il arrive, j'ai eu, ce soir, « ma soirée ».

J'ai vu ce que je ne croyais plus possible: des comédiens oubliant qu'ils étaient sur les planches, et les vingt-cinq curieux d'une répétition empoignés comme une foule naïve.

Bravo et merci à vous, mon cher Antoine, et à la vaillante troupe que vous nous avez faite.

JEAN AICARD.

Lundi soir, 14 octobre 1889.

PERSONNAGES

LEBONNARD. (Il a passé la soixantaine).   MM. Antoine.

ROBERT LEBONNARD, 20 ans. . . .   G. Grand.

LE MARQUIS D'ESTREY, 46 ans. . .   Philippon.

LE DOCTEUR ANDRÉ, fiancé de Jeanne

    Lebonnard, 28 ans. . . . .   Ramy.

UN DOMESTIQUE,. . . . .   Dorval.

Mme LEBONNARD, 50 ans. . . . . . .   Mlles Barny.

JEANNE LEBONNARD, 25 ans. . . .   Aubry.

BLANCHE D'ESTREY. . . . .   Marg. Achard.

MARTHE, vieille servante de Lebon-

    nard, nourrice de Robert. . . . . . .   Louise France.

La scène se passe de nos jours, dans une petite ville de province.

LE
PÈRE LEBONNARD

ACTE PREMIER

La scène représente un riche salon bourgeois.

SCÈNE PREMIÈRE

LEBONNARD, JEANNE

JEANNE, entrant.

Encore à vos outils, mon père ?

LEBONNARD. Il est assis près d'une table, un petit marteau à la main
une loupe à l'œil droit.

          Eh ! je les aime !
Avec eux j'ai tout fait, je me suis fait moi-même,
Vois-tu, rien ne pourra jamais me corriger !
Inventeur enrichi, mais petit horloger,
Ancien négociant bien connu dans la ville,
Je ne vois pas que mon marteau soit chose vile...

Avec ces outils, moi, qui passe pour un sot,
J'ai bâti la maison et j'ai gagné ta dot.

JEANNE, avec bonté

Ma mère n'aime pas que ce marteau travaille
Au salon !... Vous serez grondé !...

LEBONNARD.

                    Vaille que vaille !
S'il ne pleut pas sur toi, je laisserai pleuvoir !
Tout est bien, puisque j'ai le bonheur de t'avoir !
... Quand je pense que je t'ai vue à l'agonie
L'autre mois !

(Il voile ses yeux avec sa main.)

       ...Cette horrible angoisse est bien finie !
Et ce cœur qui trembla pour toi devant la mort,
Désormais, contre tout le reste, sera fort !

JEANNE.

Mais...

LEBONNARD, l'interrompant

      Bah ! sans mes outils, qu'on dise le contraire !
Ta mère ferait-elle épouser à ton frère

(Avec une nuance de dédain.)

La fille d'un marquis !

(Avec condescendance.)

          D'un noble ! et riche encor !
... C'est en frappant l'acier que je faisais de l'or !

(Il se frotte joyeusement les mains.)

JEANNE

Qu'avez-vous donc ce soir ? vous semblez d'humeur gaie.

LEBONNARD

D'abord, quoique tu sois encore fatiguée,
Que tu ne te sois pas remise à bien manger,
Je te sens très vivante et loin de tout danger!...
Et puis...

JEANNE, se rapprochant

Et puis?

LEBONNARD

Et puis... je ne sais pas, moi, dame!
Mais j'ai vraiment, — parfois, — de la fermeté d'âme!...
... Pour être juste, il faut être un peu résistant;
Et — grâce à toi, — j'ai pris du ton!... Je suis content

JEANNE

Ah!

LEBONNARD

Mais oui!... Cependant, un progrès reste à faire!
C'est de savoir parler, quelle que soit l'affaire,
Sagement, posément... Impossible! Pourquoï?
C'est que, timide encore, et méfiant de moi,
Vois-tu, je prends toujours trop d'élan, et je saute
Trop haut, croyant toujours la barrière trop haute.
Mais je sais ce qu'il faut dire, et je le dirai.
Voilà!

JEANNE, dans ses bras

Que je vous aime; ô mon père adoré!

LEBONNARD, la contemplant

Mais où donc as-tu pris ton âme? Elle est exquise.

JEANNE

Un peu de vous.

LEBONNARD

Oh! non. Veux-tu que je te dise?
C'est vrai que j'ai du bon : tu me l'as révélé;
J'avais un peu d'or brut, — et tu l'as ciselé.
Tu l'as limé, taillé, le cœur du vieil orfèvre!
Tiens, autrefois les mots s'arrêtaient sur ma lèvre :
J'étais comme muet.

JEANNE

Vraiment!

LEBONNARD

... Bègue, plutôt!
Timide, j'hésitais. Quand j'essayais un mot,
L'on riait: je rentrais, effrayé, dans moi-même!
Mais étant écouté par quelqu'un qui vous aime,
Oh! alors, on se lance, et devenu vieillard,
Tu vois, je suis bavard avec toi, très bavard!

SCÈNE II

LEBONNARD, JEANNE, MARTHE

MARTHE, entrant de droite

Madame demandait tantôt mademoiselle.

JEANNE

Comment! tantôt!... J'y cours...

(Elle se sauve en courant.)

LEBONNARD

Lorsqu'on te dit : « du zèle ! »
(Désignant sa fille.)
C'est ça ! — Hein — un joli modèle à copier ?

MARTHE

Pour ça oui.

LEBONNARD

Mais qu'as-tu là ?... Fais voir ce papier !

MARTHE

Pour ça non !... Vous ni moi ne pouvons nous permettre,
Madame ayant parlé, d'y reprendre une lettre.
Les repas, pour huit jours, sont réglés, là-dessus.

LEBONNARD

Allons, donne !... ou tu vas me fâcher !

MARTHE

Bon Jésus !
Je voudrais bien, — pour voir ! — vous voir mettre en colère.

LEBONNARD

Tu m'y verras, si tu te plais à me déplaire.

MARTHE, croisant les bras

Qui donc commande ici ?

LEBONNARD

Marthe ! écoutez-moi bien.
Tant qu'on ne nuit qu'à moi, je ne dis jamais rien,

Mais à ma fille!... alors je suis un méchant homme!
Et j'entends qu'on se taise enfin, quand je la nomme!
Qu'on soit respectueux, obligeant et soumis...
Donne-moi ce papier... nous serons bons amis.

MARTHE

Quel rapport?

LEBONNARD, lui arrachant le papier qu'elle tient

C'est bien ça!... Richelieu! la royale!...
Et Larochefoucauld!... Est-ce un roi qui régale?
Ou monsieur Lebonnard, un ancien horloger,
Qui commande un menu parce qu'il faut manger?
... Ma fille (entendez-vous, Marthe?) est encor malade!
Je demande un menu; ça, c'est une charade!
Et je ne peux passer trois jours à deviner
Si j'ai du bœuf ce soir, bien saignant, pour dîner!

MARTHE

Mais!...

LEBONNARD

Aimez toutes les noblesses, même fausses!
Mais ne m'en fourrez pas, que diable! dans mes sauces!

MARTHE

Voilà ma soupe au lait qui monte en un moment!

LEBONNARD

Fais pour ce soir un bon rôti, tout uniment.

MARTHE

Corriger le menu, monsieur, c'est impossible!

LEBONNARD

Je comprends : ta besogne est parfois très pénible !
Eh bien, j'irai t'aider ! — Jeanne est malade !...

MARTHE

Oh ! Non.

Pour son mal, maladie est trop un vilain nom !
J'ai très bon œil encor quoique un peu sourde et vieille,
Et je peux vous parler de la chose à l'oreille :
Elle se porte mal depuis qu'elle va mieux !
Son jeune médecin n'était pas assez vieux,
Et c'est le médecin qui serait le remède !...
...Quant à rien changer là, monsieur, — que Dieu vous aide !
Mais il faut en parler à madame d'abord.

LEBONNARD

Elle crira beaucoup...

MARTHE, l'interrompant

Mais vous crîrez plus fort !

LEBONNARD, poursuivant

...Et ne cédera pas, — tandis qu'autrement, — bête ! —
Elle crîra oui, mais... la chose sera faite !
L'autorité d'un fait accompli, tout est là :
L'on s'impose, et tout suit !...

Mme LEBONNARD, en dehors

Marthe !

MARTHE

Recevez-la !

Imposez-vous, monsieur ! — Pour moi, je gagne au large.
Ah ! nous sommes pincés, monsieur ! — gare la charge !

SCÈNE III

Les Mêmes, Mme LEBONNARD

Mme LEBONNARD, à Marthe

Que faites-vous ici ?

(A son mari.)

Pourquoi lui parlez-vous ?

(A Marthe.)

Que lui disiez-vous là, vous, d'un air en dessous ?

MARTHE

Madame...

Mme LEBONNARD

Taisez-vous, quand je vous interroge !
La servante est en faute, et le maître déroge.

(A Marthe qui fait un mouvement.)

Je vous chasserai !

LEBONNARD

Non.

MARTHE, à Lebonnard

Vous êtes trop bon, vous !

Mme LEBONNARD

Si vous tenez à moi, croyez-moi, filez doux !

(Marthe sort en pleurant sous le regard de sa maîtresse.)

SCÈNE IV

LEBONNARD, Mme LEBONNARD

LEBONNARD

Elle a nourri Robert; et c'est une bonne âme.
Son mari m'a servi quarante ans... Brave femme !
Vos enfants les premiers ne voudraient pas...

Mme LEBONNARD

                        Pourquoi
Vos enfants ? On dirait qu'ils ne sont rien qu'à moi !

LEBONNARD

Nos enfants, je le veux.

Mme LEBONNARD

                Veuillez ou non — la chose
Est ainsi. Nos enfants sont nôtres, je suppose !
Vous avez pris Robert en grippe, voilà tout.

LEBONNARD

Vous et lui, tous les jours, vous me poussez à bout !

Mme LEBONNARD

Il voit bien que sa sœur est votre préférée.

LEBONNARD

Préférence aujourd'hui méritée — et sacrée !

Contre lui, contre vous, seule elle me défend,
— Et je dis que je suis le fils de mon enfant !

Mme LEBONNARD

Fort bien ! — Mais Robert souffre, et je souffre moi-même
De vous voir maltraiter un bon fils, — qui vous aime !
Et c'est étrange à vous, de tout temps réputé
Pour philosophe ; faible, et vantard de bonté ;
Lecteur de Saint-Simon, de Fourier, — philanthrope
Avare ! Au moral, comme au physique, myope !
Bon ?... par lâcheté pure ! et doté par hasard
D'un vilain nom, qu'on croit fait exprès : Lebonnard !

LEBONNARD, avec bonhomie

Oui, c'est bien mon portrait, dans ma caricature !
(Devenant sérieux.)
N'importe ! j'ai souffert cette plus grave injure
De voir un brave enfant qui, tout petit, m'aimait,
Me railler, parce que sa mère le permet !

Mme LEBONNARD, haussant les épaules

Oh !

LEBONNARD

Oui, j'ai dû le voir grand, soumis à sa mère,
Rire de mes défauts, rendre ma vie amère,
Et s'en aller ainsi de mes pauvres vieux bras
Sans qu'il se sente ingrat parmi les plus ingrats !

Mme LEBONNARD

C'est un réquisitoire en règle !

LEBONNARD

C'est possible !
Mais tout ça me révolte enfin !

Mme LEBONNARD

Il est terrible !
Sur quelle herbe avez-vous marché, mon cher époux ?

LEBONNARD

Sur l'herbe de sagesse ! ainsi, méfiez-vous !...
La coupe verse pour une dernière goutte !...
Il n'est si doux mouton que le loup ne redoute
S'il prend la rage, ayant été mordu ; je dis
Que les timides sont parfois les vrais hardis,
Et que l'audace alors n'a plus qu'à se défendre !
Je suis las d'être sot, faible, bonhomme et tendre !
Pour ma défense à moi, je fus humble et poltron.
Mais ne me poussez pas à vous heurter de front !

Mme LEBONNARD

Mais, mon Dieu ! Qu'avez-vous ? Qu'est-ce qui vous anime ?

LEBONNARD

J'ai... que je suis honteux d'être pusillanime !...
(Eclatant avec violence.)
Que Jeanne m'inquiète !... Enfin tous vos repas
Sont faits d'une façon qui ne lui convient pas !...
Je vous l'ai déjà dit cent fois, mais on s'en moque !...
Je veux du bœuf saignant !! — et des œufs à la coque !

Mme LEBONNARD

Oh ! que de bruit pour rien ! On fera ce qu'il faut
Sans que vous le preniez, pour cela, de si haut !

(Portant son mouchoir à ses yeux.)

Suis-je mauvaise mère ?

(Elle s'assied d'un air d'affliction.)

LEBONNARD, décontenancé

Excusez-moi, ma femme,
J'avais peur, à propos d'un détail, que je blâme,
D'un refus ! j'étais prêt à la lutte... On a tort,
Avant d'être attaqué, de répondre d'abord !...
Vous savez, on se sait un peu faible... on s'entraîne...
Et je ne voulais pas vous faire de la peine.

Mme LEBONNARD, indignée, apercevant le marteau qu'il tient

Eh ! mais, que faisiez-vous ! vous travaillez, je crois !

LEBONNARD, sentencieux, la loupe dans l'œil

Il y a beaucoup plus d'ouvriers que de rois...
Moi, j'étais horloger...

Mme LEBONNNARD, fièrement

Bijoutier, je vous prie !

LEBONNARD

Ma foi, n'est pas qui veut maître en horlogerie !
Pour bijoutier, — c'est vrai, nous vendions des bijoux,
Même on vous appelait... (nous sommes entre nous)
La belle bijoutière, — et ce qui vous chagrine,
C'est qu'on m'a vu longtemps derrière ma vitrine,

La loupe à l'œil, la pince au doigt !... Ça me distrait...
S'il ne travaillait plus, Lebonnard en mourrait.

Mme LEBONNARD

Cachez-vous-en du moins ; faites ce sacrifice !

LEBONNARD

Nul doute, le croyant juste, que je le fisse ;
(Avec finesse.)
Mais je ne comprends pas... j'eus toujours l'esprit lent.
(Mme Lebonnard jette un coup d'œil à la fenêtre.)

Mme LEBONNARD

Le marquis ! — Donnez-lui son titre en lui parlant.

LEBONNARD

Ça ne se fait point. — Moi qui sors d'une boutique,
Je me ferais l'effet d'être son domestique.

Mme LEBONNARD, d'un ton de confidence

Il pense à marier Jeanne.

LEBONNARD, frappé

Oh !... Il faudra voir !

Mme LEBONNARD, désignant les outils de Lebonnard

Cachez vite cela. Je vais le recevoir.
(Elle sort. — Lebonnard range ses outils dans le bureau.)

SCÈNE V

LEBONNARD, JEANNE

JEANNE, entrant

On vient chercher Robert pour une promenade
A cheval !

LEBONNARD, vivement

Mais pas toi ? Je te sens trop malade !

JEANNE, souriant

J'allais si bien, tantôt, — mon père, et maintenant !...

LEBONNARD

Tu vas bien... pas assez... tout dépend du moment.

JEANNE

Soit je resterai.

LEBONNARD

Oui.

JEANNE

Eh ! mais !... que je vous gronde !
Encor ce vieil habit ?... Pour recevoir du monde ?
Je vous l'avais caché !

LEBONNARD

J'y suis fait, que veux-tu ?

JEANNE

Il est râpé, taché ; vous êtes mal vêtu.
Que dira-t-on de vous ?

LEBONNARD

Tout ce qu'on voudra dire,
Petite ! — Et j'aime mieux remplir ta tirelire
Que celle de monsieur... l'Allemand, mon tailleur !

JEANNE

Il est vrai que donner aux pauvres, c'est meilleur !
Et puis dès qu'un journal de science se fonde,
On s'adresse à mon père !... il faut que je réponde !...
La tirelire est pleine... et vite, on reprend tout
Ce qui me vint petit à petit, — d'un seul coup !

LEBONNARD

Je suis un ignorant ébloui de science,
C'est vrai !... Tout est douleur ici-bas... Patience !
Le grand remède existe ! On saura le trouver !...
Et j'aide les penseurs, ne pouvant que rêver !

JEANNE

Oui, mais que dira-t-on de votre pauvre fille,
A voir de quels habits ce bon rêveur s'habille ?
On en dira du mal, sans me calomnier,
Père ! — Et je ne serai plus bonne à marier !

LEBONNARD

Alors, vite l'habit !

(Elle sort et revient avec l'habit.

LEBONNARD, qui a ôté son vieux vêtement, mettant l'habit neuf

Vingt-cinq ans, c'est un âge,
Et tu devrais songer toi-même au mariage !

JEANNE. Elle s'assied et brode. L bonnard demeure à la considérer

C'est-à-dire à quitter mon père, un beau matin,
Un bonheur assuré...

LEBONNARD

Pour un autre !

JEANNE

Incertain !
Oh ! non je ne veux pas.

LEBONNARD

Les raisons, je vous prie ?

JEANNE

D'abord, dans quelques jours mon frère se marie.

LEBONNARD

Eh bien ?

JEANNE

Vous perdriez vos deux enfants !

LEBONNARD, fronçant le sourcil

Comment ?
Et tu croirais me plaire avec ce dévouement !
Trop de bonté, ça mène au malheur ! Et que diable !
J'aurais tout au contraire une peine incroyable

A sentir que pour moi, tu renonces... Ah! non !
(Avec finesse.)
Tiens, nous aimons déjà quelqu'un ?

(Avec bonhomie.)
Dis-moi son nom ?

JEANNE, vivement

Non, je n'aime personne !

LEBONNARD

... Ouais ! mais si je devine,
J'enverrai ton bonnet de Sainte-Catherine
Moi-même, par-dessus les moulins... Vois-tu bien.
Je ne peux plus avoir de bonheur que le tien.
Courage !... Glisse-moi ton secret dans l'oreille...

JEANNE

Je n'ai pas de secret.'

LEBONNARD, la menaçant du doigt

Cache-toi bien !... je veille !

SCÈNE VI

Les Mêmes, LE MARQUIS

LE MARQUIS, entrant

Eh bonjour, cher monsieur Lebonnard !

LEBONNARD

Serviteur.

2

LE MARQUIS, à Jeanne

Bonjour, vous, adorable enfant !

JEANNE

Vilain flatteur !

LEBONNARD, au marquis

Votre fille, monsieur ?

LE MARQUIS

Au jardin. Elle montre
A Robert un cheval — excellente rencontre
D'hier matin, — l'étoile au front, le poil tout noir,
Miss Flora, mille écus ; c'est pour rien.

JEANNE

Je vais voir

Miss Flora !

(Elle sort.)

SCÈNE VII

LEBONNARD, LE MARQUIS

LE MARQUIS

Oui, mon cher, une belle pouliche !

LEBONNARD

Tout le monde, monsieur, ne sait pas être riche.

LE MARQUIS

Oh! riche, cher monsieur Lebonnard, riche, non,
Car ma fortune à moi n'égale plus mon nom.
C'est vous qui l'êtes, riche.

LEBONNARD

        Eh! moins qu'on ne suppose!
Comme inventeur, c'est vrai, j'ai gagné quelque chose,
Et puis mon frère aîné m'a laissé tout son bien,
Mais près de vous je n'ai presque rien...

LE MARQUIS, se récriant

        Presque rien!

LEBONNARD

C'est un pauvre, à Paris, qu'un riche de province.
J'ai deux enfants. Mon fils a de vrais goûts de prince;
Son train de vie eût pu même vous effrayer...
Un enfant gâté, — peu commode à marier!
Enfin je suis heureux...

LE MARQUIS

        N'ajoutez rien, de grâce,
Ce Robert est en tout gentilhomme de race.
Vous parlez comme si nous nous aimions d'hier...
Moi qui, depuis longtemps...

LEBONNARD

        Oui, vous n'êtes pas fier.

LE MARQUIS, poursuivant

Viens tous les jours ici... Je suis de la famille!...
J'ai toujours destiné votre fils à ma fille.

LEBONNARD

Vraiment?

LE MARQUIS, à part

J'ai mes raisons.

(Haut.)

Ma fille plus que moi
Tient aux traditions de son nom, mais, ma foi,
Le vôtre est parmi ceux qu'avec respect on nomme.

LEBONNARD

Vous êtes bon, monsieur.

LE MARQUIS

Vous êtes un brave homme!
Et votre fils, monsieur, un gentleman parfait.

(Entre Robert.)

SCÈNE VIII

Les Mêmes, ROBERT

LE MARQUIS

Ah! le voilà!... Bonjour!... Mais charmant, en effet,
Savant quoique avocat, plein de cœur.

LEBONNARD

Je l'espère.

LE MARQUIS

Il est brave et bon!...

(Souriant.)

Bon? pas autant que son père,
Fort heureusement! mais vous, mon cher (grand pardon),
Vous fûtes de tout temps un peu faible, trop bon!...
Eh! que diable! la vie est une ardente lutte!
Sans doute on suit du cœur un blessé dans sa chute,
Mais tant pis pour qui tombe!... on marche un peu dessus!
Place aux forts, — dit Darwin.

LEBONNARD, souriant avec malice

Oui... mais que dit Jésus?

LE MARQUIS

Holà! je vous croyais libre penseur en diable!

LEBONNARD

Libre rêveur! Mais votre thèse est effroyable.
Et, vous sachant dévot, j'ai nommé votre Dieu.
Moi, si mon voisin tombe, eh bien... je l'aide un peu!
Je ne distingue point la Pâque de Vigile,
Ma foi non, mais j'admire et j'aime l'Évangile
Où souffre un pauvre Dieu, patient sous l'affront.
C'est la force du cœur, monsieur. Les doux vaincront.

LE MARQUIS

Ah! bravo, l'abbé!... Mais...

SCÈNE IX

Les Mêmes, BLANCHE, JEANNE, Mme LEBONNARD,
paraissant au fond

ROBERT, s'avançant vers Blanche

> L'un prêche et l'autre raille..
Adieu la promenade! Une heure de bataille!

LE MARQUIS, à Lebonnard, poursuivant la conversation

La mécanique est en progrès! mais le cœur, pas!

LEBONNARD

Si! le cœur change! il suit le progrès pas à pas....
Civilisation, art, science, industrie,
Tout ce progrès visible, où va-t-il, je vous prie?
Au carrefour où vont finir tous les chemins :
A l'élargissement des sentiments humains!

LE MARQUIS, attentif

Où diable, prenez-vous ces choses? Dans quel livre?

LEBONNARD, prenant la main de sa fille qui s'est rapprochée de lui

Ma fille me les lit. — Je la regarde vivre.

ROBERT, s'avançant

Je suis du sentiment de monsieur le marquis,
Moi!... Deux races : vainqueurs et vaincus; les conquis,

Les conquérants ; le faible et le fort ; c'est faiblesse
Que d'être tendre à qui nous attaque et nous blesse :
Sois fort, si tu veux être !

BLANCHE

Oui, c'est beau, d'être fort !

LEBONNARD, galamment, à Blanche

Pour vous complaire, à vous, je dirai que j'ai tort.

LE MARQUIS

Vous, vous êtes du bois dont on fait les apôtres...
... Mais partons-nous ?

(Gaiement avec un geste de familiarité.)
Voyons, morbleu, soyez des nôtres ;
A cheval !...

ROBERT, riant

Je voudrais voir mon père à cheval !
Très drôle !

LEBONNARD, qui a entendu

En vérité !

JEANNE, bas à Robert

Ah ! Robert, c'est bien mal !

LEBONNARD

A votre âge, mon fils, pauvre sans espérance
De fortune, je fis à pied mon tour de France,
Afin que vous eussiez de beaux chevaux plus tard,
Et de l'esprit, du bon, — aux dépens d'un vieillard !

Mme LEBONNARD

Vous souriez souvent à plus forte malice !

LEBONNARD

Eh !... c'est qu'il faut qu'un jour toute chose finisse !
Ce n'est pas sa gaîté qui m'indigne, d'abord ;
C'est qu'il érige en droit sa raison du plus fort !
Et si c'est de ce droit qu'il raille, je l'engage,
Tout fort plaisant qu'il est, à changer de langage.

BLANCHE, bas à Robert

Excusez-vous, Robert ; il a vraiment raison.

ROBERT

Mon père...

LEBONNARD, l'interrompant

      Oh ! je t'ai fait du chagrin, mon garçon ?
Pardonne-moi !... Vois-tu, lorsque je suis sévère,
C'est par amour pour toi.... C'est exigeant, un père !
On voudrait voir son fils toujours beau, toujours bon,
Et je t'aime bien, moi, mon cher enfant !

ROBERT

                    Pardon,
Mon cher père !...

LEBONNARD, à Blanche

      C'est bien à vous, mademoiselle !
Quand on est belle et bonne, on est toujours plus belle.
Qu'il soit digne de vous, — et vous serez heureux !...
Allons, allons, sortez, vivez, mes amoureux,

Et courez à cheval, sans vous casser la tête.
Il est beau, ce cheval ?

BLANCHE

Une superbe bête !

LEBONNARD

Bon ! — je vous suis. Je veux te voir sur ton cheval,
Mon fils, — faire très bien ce que je ferais mal.
(A sa femme.)
Je garde Jeanne.

ROBERT, qui cause avec les jeunes filles

Allons.

Mme LEBONNARD, à Robert

Une seconde encore.
(Au marquis, bas.)
Il peut être imprudent que Lebonnard ignore
Mon projet...

LE MARQUIS

Parlez-lui.

Mme LEBONNARD, à son mari

Mon ami, j'ai trouvé,
Pour Jeanne, le parti que j'ai longtemps rêvé :
Un homme à peine mûr, mais bien ; parfait !

LEBONNARD, inquiet

Qu'on nomme ?

LE MARQUIS

Martignac.

Mme LEBONNARD

Il est comte.

LEBONNARD, avec un accablement comique

Encore un gentilhomme !
(Haut.)

Ah ! diable, il va falloir agir ! soit, je verrai ;
Mais peut-être, aime-t-elle !...

Mme LEBONNARD, redressant l'oreille

Hein !

LEBONNARD, timidement

Le docteur André ?...

Mme LEBONNARD

Vous dites : le docteur !

LEBONNARD

Qu'est-ce qui vous étonne ?
C'est un savant, un vrai ; sa clientèle est bonne ;
Il est habile ! il est honnête, et j'ai cru voir
Qu'il fait volontiers, plus et mieux que son devoir.

Mme LEBONNARD

Ah ?... Eh bien, je l'attends celui-là ! — qu'il revienne !

LEBONNARD, à part

Ne heurtons pas trop tôt mon idée à la sienne.
(Haut.)

Il faudra voir, ma femme, et surtout bien songer
Qu'il fut (lorsque ma fille était en grand danger !)
D'un dévoûment !

Mme LEBONNARD

Mon Dieu ! son métier le commande :
On y mettra le prix.

LEBONNARD

Vous avez l'âme grande.

LE MARQUIS, à Lebonnard

Martignac est un nom illustre et bien porté.
S'il vous plaisait, — pour moi, j'en serais enchanté..

SCÈNE X

LES MÊMES, UN DOMESTIQUE

UN DOMESTIQUE, annonçant

Le docteur André.

(Le domestique sort.)

Mme LEBONNARD, menaçante

Ah !...

ROBERT, à sa sœur, à gauche

Le bonheur de la vie
C'est d'aimer !... Et cela ne te fait pas envie ?
Je t'en prie, aime donc ! aime donc, c'est charmant !
Regarde-moi : je suis le bonheur même ; aimant,
Aimé, je suis aimé ! C'est la vie et la joie !

BLANCHE

Fat !

ROBERT

...Eh bien, ce docteur ?

LEBONNARD

Le voici.

ROBERT

Qu'on le voie !

Et qu'il nous laisse en paix !... Si nous filions ?

JEANNE, fâchée

Robert !

ROBERT, à Jeanne

Tiens, tiens ! vous rougissez, vous ?... j'aurai l'œil ouvert.

SCÈNE XI

Les Mêmes, ANDRÉ.

ANDRÉ, entrant et riant. A Lebonnard qui est allé au devant de lui.

Marthe me consultait...

(S'apercevant qu'ils ne sont pas seuls et saluant.)

Oh ! pardon !

ROBERT, gaiement, à Jeanne, bas

Pas un geste :

On t'observe !

JEANNE, à Robert, bas

Tais-toi !

ANDRÉ

Vous sortiez ?

LEBONNARD

Moi, je reste.

Mme LEBONNARD, à son mari

Le docteur ne vient pas pour vous.

ROBERT, à Jeanne

Oh ! ça, c'est clair.

Mme LEBONNARD

Mais nous emmenons Jeanne en voiture, au grand air ;
Vous avez ordonné les longues promenades,
Et nous vous laisserons à vos autres malades.

LEBONNARD

Oh ! mais non ! je veux, moi, vous parler un moment.

Mme LEBONNARD, bas au marquis

Je vais l'exécuter poliment, vivement.

LE MARQUIS, de même

Sous quel prétexte et qu'a-t-il fait ?

Mme LEBONNARD

Oh ! rien encore !
Je le devance !

(Elle va parler au docteur qui cause avec Lebonnard et l'écoute en regardant Jeanne. Lebonnard, au milieu, surveille sa femme avec inquiétude. Jeanne,
Robert, Blanche, sont à gauche, André et Mme Lebonnard à droite. Le marquis près de Lebonnard.)

BLANCHE, à Jeanne, bas

Il dit du regard, qu'il t'adore !

Mme LEBONNARD, au docteur

Un mot. — Elle n'est plus malade, n'est-ce pas?

ANDRÉ

Non! je viens en voisin.

LEBONNARD, à part

Que dit-elle là-bas?

Mme LEBONNARD, à André, qu'elle a pris à part

Eh bien, monsieur, j'aurai tous les regrets du monde...
Et ma reconnaissance est, — croyez-le, — profonde...
Nous aurions tous ici du plaisir à vous voir...
Mais le monde est méchant, et j'ai, moi, le devoir
De surveiller de près l'honneur de la famille...
Vous venez... en voisin... chez une jeune fille,
Qui sera fiancée avant trois jours au plus.

ANDRÉ, troublé

Avant trois jours!

Mme LEBONNARD

Tels sont nos projets, résolus.

ANDRÉ

Puis-je savoir si c'est bien de sa part, madame...

Mme LEBONNARD, prétentieuse

Nos seules volontés guident cette jeune âme...

(Profitant d'un mouvement de Jeanne qui détourne les yeux
sous le regard d'André.)

Vous voyez ce regard qui se détourne...

ANDRÉ, avec une surprise douloureuse

Ah! — Bien.

Mme LEBONNARD

C'est compris?

ANDRÉ

Certe!

Mme LEBONNARD

Alors, je n'ajouterai rien!

(Elle lui tourne le dos.)

ANDRÉ, saluant derrière Mme Lebonnard

Merci!

LE MARQUIS, à Lebonnard, lui montrant le groupe des jeunes gens

Regardez-les... Voilà ce qui nous pousse :
Leur bonheur, ça nous tue!

LEBONNARD

Oui, mais d'une mort douce.

(Au docteur.)

Eh bien, docteur, de voir ces enfants rire entre eux,
Cela ne vous dit rien? Vous restez ténébreux?...
Quand vous mariez-vous? on y pense, à votre âge!

Mme LEBONNARD

Que lui chante-t-il donc?

LEBONNARD

Penser au mariage.

ANDRÉ, à voix haute, tous l'écoutent

Au mariage?... Non! je n'y pense jamais;
Et je n'y songeai pas, même lorsque j'aimais;
Je suis un travailleur, triste un peu, presque austère,
Et je vis seul, par goût.

Mme LEBONNARD, à part

Cela sent son mystère!

ANDRÉ

Ah! certes, j'ai parfois vu, d'un œil envieux,
Ceux qui, l'amour au cœur, le bonheur dans les yeux,
Comme ces deux enfants, tout fiers de leur jeunesse,
S'aiment, — pour qu'à jamais l'espérance renaisse!
J'ai parfois éprouvé le regret infini
D'un foyer nombreux, doux et tiède comme un nid,

(S'adressant à Mme Lebonnard.)

Mais mon destin n'est pas de ce côté, madame...
Je vivrai, vieux savant, pour l'étude, — sans femme!
Et j'ai noté, parmi les beaux vers que j'ai lus,
Ce vers si simple : *On m'a blessé, je n'aime plus* (1).
Vous sortiez... On m'attend... Je vous quitte moi-même.

(Il salue et sort.)

(1) Sully Prudhomme.

SCÈNE XII

LES MÊMES, moins ANDRÉ

LEBONNARD, qui a deviné, avec éclat

Pourquoi le chasse-t-on, cet homme ?.. Jeanne l'aime !

JEANNE, avec énergie

Non, mon père !

Mme LEBONNARD

... Eh bien, j'ai, peut-être un peu trop tard,
Réglé son petit compte à l'homme du grand art.
Je fus une imprudente, ayant vu sa figure,
D'introduire chez moi ce monsieur, car j'augure
Qu'il n'a pas plus de bien que de renom acquis,
Et qu'il ferait un gendre indigne... du marquis !

LEBONNARD, au marquis

Défendez-vous, monsieur.

LE MARQUIS

Je suis surpris moi-même !
Je le connais peu, lui... mais il est vrai qu'on l'aime...

BLANCHE, entourant de ses bras Jeanne qui est assise et cache son visage

Ne la torturez pas !... Quand même elle aimerait
Cet André, ce docteur, — et c'est là son secret, —
Quel mal y verrait-on, si c'est un honnête homme ?
J'épouse un Lebonnard : c'est André qu'il se nomme.

3

Tout nom sans tache est noble; on peut en être fier.
Quelqu'un parlait de lui chez les Reynold, hier :
On en disait du bien, on citait son courage.

JEANNE, se jetant au cou de Blanche et fondant en larmes

Ah! ma sœur!

Mme LEBONNARD, à part

Elle l'aime!

JEANNE, à Blanche, bas

Il a senti l'outrage!

ROBERT, à Jeanne avec affection

Il me plaît, ton docteur... il est presque élégant!
(A son père.)
Nous donnez-vous Jeanne?

LEBONNARD

Oui.
(A Jeanne.)
Va!

Mme LEBONNARD, au marquis qui sort avec elle

C'est quelque intrigant.

ROBERT, à Jeanne qui va à son père

Viens donc, Jeanne!

(Il sort avec Blanche.—Jeanne va vers son père et lui met les bras autour du cou.)

SCÈNE XIII

LEBONNARD, JEANNE

JEANNE, la tête cachée sur l'épaule de Lebonnard

Mon père! ah! que je suis confuse!

LEBONNARD, la tenant embrassée

On y revient toujours, au bonheur qu'on refuse!
Va, ma fille, — à nous deux, nous saurons le charmer!

JEANNE

Mais vous, pardonnez-moi, mon père, — de l'aimer!

LEBONNARD, étonné d'abord

Te pardonner?... Ah! oui, je comprends, ma chérie!...
Comme tu sais bercer ma vieillesse attendrie!
Comme, autour de mon cou, dans les moments cruels,
Tes petits bras d'enfant m'ont semblé maternels!

(Elle s'éloigne en lui souriant.)

SCÈNE XIV

LEBONNARD, seul, retournant à ses outils, sa loupe dans l'œil,
assis devant sa table

Socrate a plus souffert que Jésus dans son âme;
Jésus avait sa mère et Socrate sa femme!

SCÈNE XV

LEBONNARD, MARTHE

MARTHE, entrant

Monsieur !

LEBONNARD, se retournant

Tiens ! tiens ! pourquoi sous nos plus beaux atours ?
Peste ! Quel est ce jour, marquant parmi les jours,
Qui n'est pas une noce et qui n'est pas dimanche,
Où dame Marthe a mis une coiffe si blanche ?

MARTHE, avec une aigreur d'habitude

D'abord, monsieur, ma coiffe est blanche de tout temps.

LEBONNARD

Là, ne nous fâchons pas, Marthe ! soyons contents !
Vois-tu, j'ai bon espoir que Jeanne se marie...
Mais qu'as-tu ? d'où te vient cette mine attendrie ?
Tu pleures !... qu'y a-t-il ?

MARTHE

Ça n'est pas sans raison,
Monsieur ! — Songez un peu ! Je quitte la maison.

LEBONNARD

On te chasse ?

MARTHE

Non pas ! je n'attends pas mon compte.
Je pars, pour n'être pas renvoyée à ma honte.
Je n'en peux plus. On m'en fait trop. Et je m'en vais.
Je viens vous dire adieu.

LEBONNARD

Je trouve ça mauvais,
Marthe ! — Moi qui te vis, dévouée et fidèle
Aux enfants, soigner Jeanne et veiller auprès d'elle,
Durant les longues nuits, lorsque sa mère... Allons,
Tout n'est pas dit !

MARTHE

Monsieur, les adieux les plus longs
Sont les pires. Laissez, laissez-moi que je parte,
Ou je ne pourrai plus !

LEBONNARD

Voyons, ma bonne Marthe !

MARTHE

Ah ! taisez-vous, monsieur, vous m'achevez le cœur !
Quand madame me traite avec cette rigueur,
A tout propos, pour tout et pour rien, sans justice !
Sachant ce que je fus pour Robert, sa nourrice,
Sa mère, son esclave, et qu'à ne plus le voir,
Monsieur, je vais pour sûr mourir de désespoir,
Je sens ce que je perds, monsieur, à vous connaître
Et que j'ai méconnu trop longtemps un bon maître.

LEBONNARD

Ne parlons pas de ça.

MARTHE

Mais si... La vieille part
Pour le pays... Il faut bien mourir quelque part...
Eh bien! en ce moment, un remords m'épouvante,
Monsieur : je fus pour vous une indigne servante!

LEBONNARD

Tant que cela!

MARTHE

Monsieur, ah! si vous saviez tout!...
Si je pouvais parler!...

LEBONNARD

...Va, tais-toi jusqu'au bout,
Et ne pars pas!

MARTHE

Comment?

LEBONNARD

Oui, reste, souffre, expie,
Te dis-je, — et reste encor si l'on te congédie.
Qui sait? ton départ seul, ton chagrin, tes remords
Eux-mêmes, pourraient bien nous trahir au dehors.

MARTHE, avec stupeur

Vous saviez?...

LEBONNARD

Ce qu'il est !... Comment tu fus complice :
Tout ! — Et quand j'eus appris le secret, oui, nourrice,
J'ai laissé respecter la mère plus que moi !
...Robert n'est pas coupable.

MARTHE

Il est ingrat !

LEBONNARD

Pourquoi?
Il ne sait rien.

MARTHE

Grand Dieu ! Vous êtes un saint, — maître !

LEBONNARD

Peuh !... je suis un bon vieux... qui radote, peut-être !...
Mais, Marthe, il ne faut pas partir. Tout le défend.
Oui, je l'aime... — et je sais qu'il n'est pas mon enfant !

FIN DE L'ACTE PREMIER

ACTE DEUXIÈME

Même décor

SCÈNE PREMIÈRE

LEBONNARD, à gauche, occupé à arranger la pendule de la cheminée ;
JEANNE, brodant, à droite, près d'une table ; ROBERT, en face
d'elle, un livre à la main.

ROBERT

Mais qu'a donc notre mère à vouloir d'un futur
Comme ce Martignac, son jeune homme un peu mûr !
Quant au docteur, — il faut voir comme elle résiste ! —
Je l'ai vu plusieurs fois, lui, de loin, — triste, oh ! triste !...
D'ailleurs... un médecin !... Presque un enterrement !

JEANNE, d'un ton de reproche

Voyons !

ROBERT

Il est très bien... pas trop gai, mais charmant !

JEANNE

Malin ! je t'ai donné le reste de ma bourse,
C'est même mal : voilà mes pauvres sans ressource !
Tu me dis... des douceurs, par intérêt, vilain !

ROBERT

Eh bien! non, ça n'est pas par intérêt. Malin,
Soit; vilain, non; je dois une assez ronde somme,
C'est vrai, mais cependant je suis un honnête homme,
Et je ne flatte pas ma sœur pour de l'argent!
... Parole!

JEANNE

J'ai voulu rire.

ROBERT

C'est outrageant!
Mais ça n'empêche pas que ton André me plaise...

JEANNE

Il me plait, ça suffit.

ROBERT

Vous en parlez à l'aise,
Mademoiselle! — Il faut qu'un beau-frère, pourtant,
Plaise au beau frère! — Eh bien! je suis assez content.

JEANNE

Et moi, j'adore Blanche.

ROBERT

Oh! ça, c'est aisé! — Peste,
Un ange!... comme toi!

JEANNE, lui donnant sa bourse

Malin! — Voilà mon reste.

ROBERT, soupesant la bourse

Que ça !

(Il l'empoche.)

LEBONNARD, à sa pendule

Toi, c'est ton jour.

(Il la remonte.)

Mouvement genevois :

Excellent mouvement.

(La pendule sonne.)

Que j'aime cette voix !

C'est ma jeunesse !

JEANNE, à Robert, qui lui a parlé bas, en riant

Chut !

ROBERT

Allons, c'est ridicule !

Que veux-tu ? Quand il va dorloter sa pendule,
Ça m'agace !

JEANNE

Va-t'en.

ROBERT

Dans toute la maison,

Pendules à revendre, horloges à foison,
Montres, réveils, — c'est tout l'ancien fonds de boutique !

JEANNE

Fais grâce, — à lui, du moins, — de ta verve caustique !
Ris, avec moi, du tic innocent d'un bon vieux.

ROBERT

Bien meilleure que moi, toi!

JEANNE

Non !

ROBERT

Si ; tu vaux mieux.

LEBONNARD, toujours à sa pendule

Un peu d'huile aux ressorts.

JEANNE, à son frère

Puisque te voilà sage,

Va l'embrasser!

ROBERT

Pourquoi? Non! — Quel enfantillage!

JEANNE

Tu lui fais si souvent du chagrin !

ROBERT

C'est nerveux.

Tu sais, les tics, ça fait mal aux nerfs. Je m'en veux.
Puis quelque mot malin m'échappe. Lui se fâche;
Moi, je réplique.

JEANNE

Il est si faible. Tiens, c'est lâche !

Voyons avec son père, on n'a pas tant d'orgueil!
Va l'embrasser.

ROBERT

Et s'il me fait méchant accueil?

JEANNE

Lui? Tu sais bien que c'est impossible!

.LEBONNARD, revenant

A merveille!
On ne refera pas de pendule pareille!
C'est du bon temps.

ROBERT, allant à lui

Mon père, embrassez-moi!

LEBONNARD

Comment?

ROBERT

Voulez-vous m'embrasser?

LEBONNARD

Mon fils! certainement!
J'étais surpris, vois-tu. J'ai perdu l'habitude...
Peut-être quelquefois, je te parle un peu rude...
Mais toi!...

ROBERT

N'y pensez plus, mon père!

LEBONNARD

De grand cœur!
Je sais bien que l'esprit est aisément moqueur,

Que je suis une bête, et que je prête à rire !
Ça n'est rien !... C'est égal, — je peux bien te le dire, —
Je regretté le temps où, tout petit garçon,
Tu m'aimais !...

(Mouvement de Robert.)

Tu m'aimais de bien autre façon !

(Jeanne se rapproche. Lebonnard se trouve placé entre ses deux enfants.)

Ta mère, de plaisirs en plaisirs entraînée,
Me confiait son fils, et, — Jeanne étant l'aînée, —
A nous deux, cher petit, nous t'amusions beaucoup !...
Puis je vous suspendais tous les deux à mon cou !

(Ses deux enfants se suspendent à son cou.)

Oui, oui, — mais c'est un peu différent : tu raisonnes !
Les esprits forts, c'est bien, mon fils... les âmes bonnes,
C'est mieux.

(Robert veut, à ce mot de reproche, se dégager de son père. Jeanne le main-
tient en appuyant sa main sur la tête de son frère.)

La grande force est encor la douceur...
Et je te sens plié par la main de ta sœur !

(Il détache de lui les deux enfants.)

Allons, tu m'as fait joie au cœur, mon grand jeune homme !
Cours donc à tes plaisirs...

(Ouvrant un tiroir.)

J'ai là certaine somme
Que Jeanne me demande... Une dette de jeu ?

JEANNE, d'un air confus, baissant la tête

Oui !

LEBONNARD

Soit ; mais enfin, songe à travailler un peu !
Pourquoi veux-tu rester un avocat sans cause ?
Tu vas te marier ?... il faut faire autre chose

Que des dettes... Ecris... Défends les malheureux!
Les plus à plaindre sont muets. Parle pour eux.
... Si j'étais à ta place, ah!... Allons, oui, démarre!
Malgré toi ta malice est là qui se prépare!
Sauve-toi!

ROBERT

Mon bon père!... Et toi, merci, ma sœur!

(Il sort.)

SCÈNE II

LEBONNARD, JEANNE

JEANNE

Vous voyez qu'il est bon.

LEBONNARD

Tant mieux s'il a du cœur!

JEANNE

Il est un peu léger, — c'est son âge.

LEBONNARD

Oh! la vieille!

JEANNE

Vous vous moquez !

LEBONNARD

Va, va, juge, blâme, conseille,

Moi, je souris : ton air maternel est charmant !
... Quant à Robert, s'il m'aime et s'il t'aime vraiment,
Je le saurai bientôt... peut-être aujourd'hui même.

JEANNE

Comment?

LEBONNARD

      C'est mon secret. — Et s'il est bon, s'il t'aime,
S'il a du cœur...

JEANNE

      Eh bien?

LEBONNARD

      Eh bien, j'en conviendrai

JEANNE

Vraiment !... c'est bien heureux !...

(Avec mutinerie.)
Père dénaturé !

LEBONNARD

Bah !... tes enfants seront le progrès de mon âme !
Mon Dieu oui... tu seras tout à l'heure une femme,
Une mère, et ton fils sera bon, sera beau !
Sa petite âme en fleurs croîtra sur mon tombeau ;
Ce fier jeune homme aura tes vertus et ta grâce,
Et je suis un pauvre homme,... et ce sera ma race !

JEANNE, tristement

Mais d'abord, — savez-vous si je me marirai?

LEBONNARD

Toi !

(Il soupire.)

JEANNE

Qu'avez-vous donc?

LEBONNARD

J'ai... que j'attends ton André!

JEANNE

Lui!... Quand? Comment? Pourquoi? ah! je crains et j'espère...
Revient-il de lui-même ou si c'est vous... mon père?...
Oui, c'est vous!... Moi, depuis l'éclat de l'autre jour,
Sans oser l'espérer — j'attendais son retour...
Ce que ma mère a pu lui dire, — je l'ignore.
Qu'il m'aimât, j'en suis sûre, et n'en sais rien encore!
J'ai peur surtout, s'il a cru, lui, que je l'aimais,
Qu'à présent, il soit plus malheureux que jamais.

LEBONNARD

Ta, ra, ta, ta!... C'est bien. Ton choix est bon, petite,
Très bon, — et je l'avais deviné tout de suite.
J'ai mes renseignements à présent — les meilleurs!
Ses maîtres l'estimaient beaucoup. Pauvre, d'ailleurs,
Timide, honnête et fier. J'ai tout pesé, tu penses !
Son âge et son mérite... Il a des récompenses
D'honneur, pour ses travaux et son courage, — tout

JEANNE

Je savais bien!

4

LEBONNARD

Tu peux l'aimer, l'aimer beaucoup !
Et même il est utile, il est juste qu'on l'aime.
Je sais ce que je dis : c'est l'honnêteté même...
C'est un cœur solitaire, — un peu comme le mien, —
A sauver ! — Sauve-le, Jeanne, — tu sais si bien !
Mais lui, que t'a-t-il dit ?

JEANNE, finement

Quand on aime, on devine.

LEBONNARD, secouant la tête

La malice du diable est quelquefois divine.

JEANNE, poursuivant

... Et j'ai lu dans son cœur, qu'il ne m'a pas ouvert !
J'ai deviné, sans lui, qu'il a toujours souffert !
J'avais bien vu qu'il m'aime et n'ose pas le dire :
C'est comme moi...

LEBONNARD

Vraiment ! — Eh bien, je viens d'écrire
A ce brave garçon, qu'il vienne. Il va venir.
A cause de ta mère, il faut vite en finir.
J'entends vous fiancer, — vous donner l'un à l'autre...
... Je suis pourtant jaloux !... Quel supplice est le nôtre, —
Les pères, — quand il faut donner, comme cela,
Nos enfants !... Ah ! je veux que Marthe (préviens-la),
Dès que je sonnerai, t'appelle tout de suite ;
						(Souriant.)
Je peux avoir besoin de ton secours, petite.
C'est l'heure. Laisse-moi.

SCÈNE III

Les Mêmes, MARTHE

MARTHE

Le médecin est là.

Il attend.

LEBONNARD

Fais entrer.

MARTHE

Monsieur, il attendra
Un peu... Vous avez donc, monsieur, pris mon idée ?
J'ai donc vu clair ?... Et vous, vous êtes décidée,
Mademoiselle ? — Eh bien vous avez eu bon goût.
Le premier jour qu'il vint, il vous plut tout d'un coup,
Et j'ai compris... Des fois, l'amitié, ça vient vite !
A preuve qu'à moi-même il m'a plu tout de suite
Pour vous ! — Je vous dis ça pour vous encourager,
Car madame, bien sûr, va vous faire enrager :
Elle ne l'aime pas !

LEBONNARD

Ah ? tu sais quelque chose ?

MARTHE

Elle parle à Robert... Quelquefois elle cause
Toute seule...

LEBONNARD

Et Robert ?

MARTHE

Oh ! lui, le cher enfant,

(A Lebonnard.)

Il vous aime... Il répond très bien.

(A Jeanne.)

Il vous défend

Toujours. Enfin, voilà : je dis ce qu'il faut dire.
On le marie aussi : j'ai donc fini de rire,
Monsieur, — et nous serons bien seuls... Enfin, voilà.

(Lebonnard lui presse la main en silence. Marthe s'éloigne.)

LEBONNARD, à sa fille qui s'éloigne de son côté

On ne m'oubliera pas trop vite ?

JEANNE, revenant à lui pour l'embrasser

Oh ! cher papa !

SCÈNE IV

LEBONNARD, ANDRÉ

ANDRÉ, entrant

Vous m'avez appelé ; j'arrive à l'heure dite.
Rien de fâcheux pourtant n'appelle ma visite,
J'espère ?

LEBONNARD

Non, monsieur... ma fille va très bien.
... C'est d'elle qu'il s'agit pourtant...

(Mouvement d'André.)

Ne craignez rien !

(Après une hésitation, brusquement.)

Vous l'aimez.

ANDRÉ, se levant

Moi, monsieur !

LEBONNARD

Oui, vous ! — Elle vous aime.

ANDRÉ

Elle !

LEBONNARD

Elle, oui ! je le sais, mon Dieu. par elle-même !

ANDRÉ

Oh !

LEBONNARD

Ma femme aura pu, faute d'en rien savoir,
Se tromper l'autre jour, monsieur, sur son devoir.
Ce qu'elle vous a dit, — bien que je le suppose, —
Je n'en sais rien !... Mettons le passé hors de cause,
Et marchons !... On vous aime, et c'est un très bon point.
Vous aimez mon enfant... je ne m'y trompe point !
Eh bien, moi qui vous sais un homme digne d'elle,
Je vous dis : aimez-la, mon fils, d'un cœur fidèle ;

C'est mon bien, mon seul bien, le meilleur, le plus doux :
Prenez-le-moi, je vous l'apporte : il est à vous.

ANDRÉ, assez froidement

Je suis surpris, monsieur.

LEBONNARD, un peu décontenancé

                    La surprise, sans doute...
Mais j'attendais... la joie !... Ai-je fait fausse route ?
Vraiment, vous recevez mes avances d'un air...
Non, morbleu, vous l'aimez !...

ANDRÉ, avec fermeté

                    Oui, votre cœur voit clair,
Mais je m'étais juré de souffrir en silence.

LEBONNARD

Et pourquoi donc ? Ce cœur vers le vôtre s'élance ;
Je le sais, moi qui sens qu'on me laisse pour vous !
Pourquoi donc hésiter ? il vous sera si doux !

ANDRÉ

Je ne peux pas entrer en lutte...

LEBONNARD

                    Avec ma femme ?
Allons donc !... je vous crois plus de fermeté d'âme !

ANDRÉ

Elle a, pour votre fille, un fiancé choisi,
... Et moi !

LEBONNARD

Le Martignac?... c'est vous qu'on aime!... Ainsi...

ANDRÉ

Mais...

LEBONNARD, avec volubilité

    Mais pardieu! ça n'est pas comme ça qu'on aime!
Ce que je dis pour vous, dites-le donc vous-même!...
Quand on aime! on se moque un peu des bons parents!
De leurs motifs, et des obstacles les plus grands!
Et vous m'opposez, vous, mes raisons de famille!
C'est absurde! et moi seul ici j'aime ma fille!...
Oui, moi seul! — et je veux son bonheur assuré!
Et malgré femme et fils... malgré vous!... je l'aurai,
Je le ferai!... Tenez j'ai peur, si je raisonne,
D'avoir peur! je ne prends plus conseil de personne,
Je marche droit, tout droit, sur l'obstacle, sans voir,
Sans réfléchir... Voilà l'amour, — et le devoir.

ANDRÉ

Ah! monsieur, ce n'est pas mon cœur qui vous résiste!

LEBONNARD

Enfin!... Allez...

ANDRÉ

    Mais, je vous dois un secret triste
Qui va mettre entre nous un obstacle absolu, —
Et si vous en souffrez, vous l'aurez bien voulu!

LEBONNARD

Allez!...

ANDRÉ

Ah! certes, j'aime! et de toute mon âme.
Oui, cette douce enfant, grave comme une femme,
A pris, — et pour toujours, — mon cœur!... oui, j'ai rêvé
Le bonheur, — oui, j'ai fait ce rêve inachevé :
J'ai dit : Voici l'amour et l'honneur — la famille!
L'amour dans le devoir et l'orgueil.

LEBONNARD

           Oh! ma fille!

ANDRÉ

Que de fois j'ai failli, quand j'ai pressé sa main,
Dire : *à toujours!* — au lieu de lui dire : *à demain!*
Mais je pensais bientôt : « Cette ville est petite,
L'Église y fait la loi ; le préjugé l'habite... »
M'aimait-on?... Que savais-je?... et, faute de savoir,
Je gardais mon secret pour garder mon espoir.
Si mon cœur s'est trahi, ça n'est pas de ma faute!

LEBONNARD

Bien.

ANDRÉ

Oui, je sais combien vous avez l'âme haute!
Mais quand vous apprendrez vous-même...

LEBONNARD

           Épousez-la
D'abord! — Nous reviendrons après sur tout cela.
C'est assez.
           (Lui tendant la main.)
Vous venez d'agir en honnête homme.

ANDRÉ

Mais... vous ignorez...

LEBONNARD

Moi? — rien! — Je sais qu'on vous nomme
André, Pierre, François, — prix d'honneur à Rollin.
J'ai tous vos titres, là : ce tiroir en est plein.
Médecin, vous avez été d'une bravoure...
Tenez, quand on marie une fille, on s'entoure
De cent précautions... On espère toujours
Un obstacle! On hésite. On appelle au secours
Tous les renseignements, les journaux, mille choses...
Et tout est là.

(Il désigne son secrétaire.)

ANDRÉ

Non.

LEBONNARD

Si... *Les Annales des Causes
Célèbres*... Le procès...

ANDRÉ, frappé

Ah !

LEBONNARD

Votre père eut tort,
Sans doute, — eût-il raison, — de le crier si fort.
Il avait une fille, — et je dis que, pour elle,
Il devait étouffer cette horrible querelle,
Ces détails... Mais enfin, vous n'êtes là pour rien.

ANDRÉ

Il dit que je ne suis pas son fils.

LEBONNARD

Oui? — Eh bien,

Après?

(Il va donner un coup de sonnette.)

ANDRÉ

J'ai cru devoir, la honte étant trop forte,
Quitter son nom pour l'un des prénoms que je porte.

(Saisissant le journal.)

Et puis n'est-ce rien, ça, — l'outrage triomphant
De leurs fausses pitiés sur mes malheurs d'enfant!
Regardez. L'avocat, d'abord, verse une larme.
Mon enfance touchante un moment le désarme...
Le style injurieux un peu plus loin reprend,
Mais là :

(Lisant.)

« *Pauvre écolier, qui trop tôt sera grand,*
« *Tu maudiras la vie assez tôt! — Rêve et joue...*
« *Tu te réveilleras souillé par cette boue!* »

(Il rejette le journal sur la table.)

En effet, — tout est là, dans le moindre détail!
Que pouvais-je donc faire? il restait le travail!
Je n'ai connu que lui. Pas d'amour. Rien. Ma tâche.
Pas d'amitié, non; rien : le travail sans relâche.
Et dans ma soif d'oubli, fort d'un grand désespoir,
De ma honte, j'ai fait l'aiguillon du devoir!
Mais là, tout est gravé!... Cette histoire est écrite!...

(Il refit des yeux.)

Jusqu'au déguisement de la coupable en fuite!...
Ah! je rachèterais ces lignes de mon sang!
Mais il ne voit donc pas qu'il damne l'innocent,
Celui qui le dénonce à la pitié publique!

(Il rejette le journal froissé sur la table.)

Monsieur, voilà ma plaie; et ma pensée unique!
Et je n'offrirai pas — l'amour me le défend —
La dot de mon malheur à votre chère enfant...

(Jeanne paraît au seuil de la porte, à droite.)

SCÈNE V

Les Mêmes, JEANNE

LEBONNARD, d'une voix haute

Ma fille, tout est prêt, le voile et la couronne!

(Il la prend par la main.)

Es-tu contente?

JEANNE, cachant sa tête sur la poitrine de son père

Oh! oui!

ANDRÉ

Mon Dieu!

LEBONNARD, avec émotion

Je vous la donne.

ANDRÉ

Moi, je ne saurai rien vous dire en ce moment,
Pas un mot. Rien. Je suis heureux... trop brusquement!

J'ai toujours vécu seul, enfermé dans l'étude ;
Mon cœur ne s'ouvre pas, n'ayant pas l'habitude...
... Il éclate !... Ah ! monsieur, personne jusqu'ici,
Homme ou femme, ne m'a jamais aimé... Merci !

(Il prend avec effusion la main de Lebonnard.)

LEBONNARD

Embrassez-la, mon fils ! c'est votre fiancée !

ANDRÉ, avec ravissement, debout devant Jeanne dont il n'approche pas

Ma fiancée ?... à moi ? — ... Ah ! la nuit est passée !
Et je vois dans mon cœur le rayon du matin.
Un enchanteur joyeux transforme mon destin !
D'hier à maintenant, oh ! quelle différence !
Je cherche en vain la place où j'avais ma souffrance !
Vous voyez un mourant qui s'éveille surpris
De sentir tous ses maux par miracle guéris.

JEANNE

M'aviez-vous reproché, l'autre jour, quelque chose,
A moi ? Rien ne fut dit en mon nom, je suppose ?

ANDRÉ

On m'avait dit, — et j'y croyais, en vérité ! —
Qu'un amour plus heureux allait être accepté !
Et moi, — qui voulais vivre et mourir solitaire ! —
J'ai souffert en jaloux, sans pouvoir vous le taire,
Comme si, dès longtemps, tout en baissant les yeux,
Vous m'eussiez accordé des droits mystérieux !

JEANNE

Ils étaient accordés ; mon cœur était au vôtre :
Je les avais sentis se vouer l'un à l'autre.

ANDRÉ

Le vôtre, malgré tout, trouvera dans le mien
L'âpre ressouvenir de mon malheur ancien.

JEANNE

Quel qu'il soit, j'ai compris qu'il élève votre âme,
Et c'est pour aider l'homme à souffrir, qu'on est femme.

LEBONNARD, rapprochant leurs mains

Mêlez vos mains, — puisque vos cœurs s'étaient unis !
Ah ! mes enfants, soyez heureux, soyez bénis !

SCÈNE VI

LES MÊMES, Mme LEBONNARD

Mme LEBONNARD, entrant

C'est fort touchant..., on fait, sans moi, les accordailles !

LEBONNARD, clignant de l'œil

Voilà les grands chevaux... pour les grandes batailles !

Mme LEBONNARD

Non ! je n'ai jamais vu de procédé pareil !
Quoi ! sans consentement de ma part, ni conseil

Même, vous disposez en maître, à votre idée,
— Sans que, par politesse, il me l'ait demandée, —
En faveur de monsieur, de notre fille, — vous !
Cela ne peut aller ainsi, mon cher époux !
Doucement !... Nous allons causer tous quatre ensemble.

LEBONNARD

Vous saviez mes projets arrêtés, il me semble !
Je vous les ai laissé deviner clairement.

Mme LEBONNARD

Et vous ai-je donné, moi, mon consentement ?
Non ! et, sur mon enfant, mon dessein est tout autre :
J'ai mon futur à moi, si vous avez le vôtre !

LEBONNARD

Moi, j'ai celui de la future ! c'est le bon.

JEANNE

Monsieur André !...

ANDRÉ

                Monsieur, permettez-moi (pardon
Madame !) de ne pas demeurer davantage.
C'est sur l'accord commun qu'on scelle un mariage,
Et votre fille, — j'en suis sûr, — ne voudrait pas
Que le nôtre se fît sur de pareils débats.
J'avais mes raisons, moi, pour n'oser pas prétendre
A l'honneur, au bonheur d'être un jour votre gendre,
Mais comme j'aime bien, vraiment, profondément,
J'acceptais, malgré moi, cet avenir charmant.

J'ignorais, bien qu'hier je l'eusse pressentie,
Madame, — la rigueur de votre antipathie :
J'espère que le temps pourra la vaincre un jour,
J'attendrai. — Mais le temps ne peut rien sur l'amour.

JEANNE, à André

Merci.

(À sa mère.)

Nous attendrons.

LEBONNARD

Vous avez ma parole.

(André sort.)

SCÈNE VII

LEBONNARD, Mme LEBONNARD, JEANNE

Mme LEBONNARD

Je vous trouve insensé !

LEBONNARD

Moi, je vous trouve folle.

Mme LEBONNARD

Monsieur !

LEBONNARD

Vous me fourrez de vos nobles partout !
Mais parbleu, cette fois, vous manquerez le coup !
Et votre Martignac, baron, marquis ou comte,
Bernique !

Mme LEBONNARD

En attendant le docteur a son compte !
Et quant à Martignac, monsieur, nous verrons bien !
Un comte, c'est quelqu'un. Qu'est-ce qu'un docteur ? rien !

LEBONNARD

Un comte, ce n'est rien ! Et dans ma pauvre tête,
Plus qu'un prince, qu'un roi, j'estime un homme honnête
Et simple, et travaillant de ses bras, comme moi !
L'homme qui crée ou fait le bien, — ça, c'est le roi !
Et vous m'obsédez, vous, de gentilhommerie
De province ! Que font vos comtes, je vous prie ?
Ou s'ils font quelque chose, est-ce avec leur nom ? non !
C'est avec leur esprit ; l'esprit fait même un nom,
Et plus que tous vos ducs, parrains de mon potage,
J'aimerais un docteur qui guérirait la rage !...
Peut-être pourrait-il vous adoucir l'humeur.

Mme LEBONNARD

Ils n'ont jamais sauvé de vrai mourant !

LEBONNARD

                On meurt,
C'est clair ! — Au demeurant, cette dispute est sotte.
Ma fille épousera, — malgré votre marotte, —
Celui qu'elle aime. C'est, quoique jeune, un savant....
Vous sauriez ce que c'est en lisant plus souvent.
                  (Il lui donne une brochure.)
Grâce aux savants, partout la douleur diminue !
L'avenir vient !... Ma foi sociale est connue,

Dans cette ville, — et j'en veux faire un député,
Un bon, — qui parle !

Mme LEBONNARD, agitant dans sa main le journal qu'elle a pris parmi

d'autres papiers

Et dont on parle, en vérité !

LEBONNARD

De quel droit ?...

Mme LEBONNARD

... Un journal : tout le monde peut lire.

(D'une voix haute, à Jeanne qui parait absorbée dans sa pensée.)

Ma fille !

LEBONNARD

Vous n'avez pas le droit de lui dire...

Mme LEBONNARD

... Ce qu'est son fiancé ? que son nom est taré ?
Qu'un procès scandaleux ?... Si, je le lui dirai !

JEANNE

Que dit-on là-dedans contre André ?

LEBONNARD

Rien, ma fille,

Contre lui !

Mme LEBONNARD

Mais il est d'une étrange famille !

LEBONNARD

Il n'est que malheureux... mais jusqu'au désespoir !

5

JEANNE, passant

Au désespoir !... Je vois autrement mon devoir,
Ma mère ! — J'avais dit : « *j'attendrai* », tout à l'heure...
A présent, je l'épouse.

Mme LEBONNARD

Et moi...

LEBONNARD

Jeanne est majeure,

Ma femme ! — et je suis là, moi, pour la protéger.

Mme LEBONNARD

Vous êtes un vieux sot !

LEBONNARD, avec insouciance

Vous pouvez m'outrager.

JEANNE

J'ai vu depuis longtemps, — pardonnez-moi, ma mère, —
J'ai toujours vu payer d'ingratitude amère
Mon père patient, martyr de sa bonté.
Je le vois chaque jour souffrir, même insulté !
Eh bien ! je n'aurai pas la même bonté douce,
Faible, et je me révolte enfin, puisqu'on m'y pousse.
— Je vous aime, et pourtant, à dater de ce jour,
La justice du cœur va régler mon amour !

Mme LEBONNARD

On se repentira d'engager cette lutte.

JEANNE, suppliante

Oh ! ma mère !

(Mme Lebonnard sort.)

SCÈNE VIII

LEBONNARD, JEANNE

LEBONNARD

Comment, tu faiblis ! Je me butte,
Moi !
(Criant du côté par où est sortie sa femme.)
Nous sommes majeurs ! — Et nous aurons du bruit !
Un bon commencement d'action, et tout suit :
On s'impose. Voyons, ne pleure pas, petite !

JEANNE

Dieu ! quel chagrin !

LEBONNARD

Oh ! moi, la lutte, ça m'excite !
C'est ta mère, il est vrai... c'est ma femme, vois-tu !
Pour la première fois, — je me suis bien battu !
Et je deviens méchant avec entrain, ma fille !...
C'est mon quatre-vingt-neuf, et j'ai pris ma Bastille !..
Demain, quatre-vingt-treize ! Ah ! tiens, je suis surpris :
Je comprends les excès ! Souris donc !...

JEANNE, sortant

Je souris.

LEBONNARD, accompagnant sa fille

Ça ira, ça ira, sois un homme, que diable !

SCÈNE IX

LEBONNARD, seul

Comme les femmes sont faibles, c'est incroyable !
(Il chantonne entre ses dents.)

> Ah ! ça ira, ça ira, ça ira,
> . . . . . . à la lanterne
> . . . . . . on les pendra !

J'ai peur qu'elle ne songe à m'envoyer Robert.
Bah ! je le recevrai. — Lui, je l'ai trop souffert !

SCÈNE X

LEBONNARD, ROBERT

ROBERT

Jeanne n'est plus là ?

LEBONNARD, sans se retourner

Lui !
(Très haut, grommelant.)

Non !... Laissez-moi tranquille,
Tout ce que vous pourriez me dire est inutile !

ROBERT

Qu'avez-vous donc ?

LEBONNARD, se retournant

J'ai cru que vous saviez ?...

ROBERT

Moi, rien !

Je cherchais Jeanne.

LEBONNARD, à part

Allons, tantôt il m'aimait bien.
Je ne trouverai pas d'occasion meilleure...
(Haut.)
Que diriez-vous si vous appreniez tout à l'heure
Q'un homme, votre ami, galant homme parfait,
Est le fils d'un amour coupable et qu'en effet
Ont deux fois condamné les lois et la morale ?

ROBERT, attentif

Oh ! c'est grave !... il paraît que cela fit scandade ?

LEBONNÁRD

Le scandale n'est rien... Du bruit, sorti d'un mot !
(Il lui tend le journal.)
Voici ce qu'après tout l'on vous dirait bientôt.

ROBERT, lit en silence avec une expression de tristesse croissante
de dégoût

Je plains ma sœur !
(Il rejette le journal.)

LEBONNARD

Pourquoi ?—Cet homme aura ma fille...

ROBERT, étonné, violemment

Vous mettrez ce bâtard douteux dans ma famille !...
C'est de la folie !...

LEBONNARD, avec violence

Ah !...

(Avec douceur.)

Tais-toi, mon pauvre enfant !
Mon cœur a médité la cause qu'il défend !
Et je dis que ce père eût dû quitter sa femme,
Sans mettre sur un brave enfant ce doute infâme.
Je dis que cet enfant vit avec dignité,
Et que jamais malheur ne fut moins mérité.

ROBERT

Je lui reprends ma sœur, et non pas mon estime !

LEBONNARD

Fort bien ! mais l'innocent restera ta victime !
Tu ne lui reprends rien !... que son bonheur ! — Pourquoi ?
...Cette estime... peureuse... est indigne de toi !

ROBERT

J'ai trouvé, moi, les lois du monde toutes faites.

LEBONNARD

Les voilà tous !... ah ! cœurs sans pitié que vous êtes ;
Et tous, ils répondraient cela tranquillement ! ...
Mais l'homme a sa maîtresse !... et la femme, — un amant !
Va, malheureux garçon ! condamne à voix moins haute,
Mon fils, non seulement l'enfant né d'une faute,

Mais les coupables même... Ils ont souffert, vois-tu :
Le bonheur n'est jamais qu'un effort de vertu !

ROBERT

Je suis pour la loi. — Dure aux fils illégitimes,
Pour garder la famille, elle les veut victimes.
C'est ce qu'il faut, et rien n'est plus juste.

LEBONNARD, le regardant fixement

> Ah ! tu crois ?

ROBERT

J'aime les préjugés qui défendent les lois.

LEBONNARD

Je m'incline devant les lois, mais je réclame,
Quand je les vois frapper l'innocent jusqu'à l'âme !...
Souviens-toi que les lois n'empêchent pas nos cœurs
D'accorder aux vaincus la pitié des vainqueurs !

ROBERT

Mais !...

LEBONNARD

...Je n'accepte pas l'arrêt que tu prononces.
Tâche de me donner de plus justes réponses
Plus tard... et suis alors les conseils de ta sœur :
Apporte à me parler un peu plus de douceur.
Tu te plains de me voir quelquefois en colère ?
Ah ! si tu t'efforçais toujours de me complaire ;
Si je sentais sur moi ton respect filial,
Si tout ce que je dis ne te semblait pas mal,

Si tu ne me jetais jamais le mot qui blesse,
Si tu semblais parfois excuser ma veillesse,
Ma gaucherie, — et mon ignorance, après tout, —
Je t'aimerais bien plus, — car je t'aime beaucoup !

ROBERT, ému, lui tendant les mains

Mon père !

LEBONNARD, l'attirant sur ses genoux

     Ah ! — Tiens, dis-moi ce que tu me reproches ?...
D'être avare ? — je mets mon argent dans tes poches !
Brutal ? — oui, quand c'est pour répondre à tes défis.
(A ce mot, Robert se lève, impatienté.)
Trop faible ?...

ROBERT, qui a repris le journal rejeté tout à l'heure

     Oui, pour Jeanne !...

LEBONNARD, blessé, la main sur son cœur

         Ah ! assez ! — Va, mon fils !
(Lebonnard sort.)

(Robert, au moment de sortir au fond, se trouve en présence d'André qui entre.)

SCÈNE XI

ROBERT, ANDRÉ

ANDRÉ, entrant et tendant la main à Robert qui fait semblant
de ne pas s'en apercevoir

Bonjour... J'apporte à votre père un mot qui presse,
Et qui, mon cher monsieur Robert, vous intéresse...
Mais... ne voyez-vous pas que je vous tends la main ?

ROBERT

Je serais allé, moi, vous porter, dès demain,
Un mot que j'aime mieux prononcer tout de suite,
Qui rendra sûrement, — si la chose est bien dite, —
Vos entretiens avec mon père — superflus,
En sorte qu'après nous on n'y reviendra plus.

ANDRÉ

C'est donc moi qui vous prie alors, ou qui vous somme,
Au besoin, de parler.

ROBERT

      Volontiers... D'homme à homme...
Vous rêvez d'épouser, avec consentement
De mon père, — ma sœur... Seulement...

ANDRÉ

                    Seulement ?

ROBERT

Ma mère, — dont l'avis m'importe davantage, —
N'approuve pas du tout, monsieur, — ce mariage.
Nous ne le voulons pas : vous ne le voudrez pas.

ANDRÉ, calme

Quand on parle si haut, — je vous le dis tout bas, —
On agit à coup sûr contre ce qu'on annonce,
Et la prière a tort, — qui dicte la réponse.

ROBERT

Nous empêcherons tout, j'empêcherai tout, moi !

ANDRÉ

A quel titre, et comment ?

ROBERT

         A quel titre et... *pourquoi ?*
Je ne l'aurais pas dit, mais, puisqu'on m'interroge,
Soit... Au titre de chef de maison, que s'arroge
(Lorsque le père est faible, et sans commandement)
Un fils qui connaît bien tout son devoir... Comment
Ou pourquoi ? sachez donc, monsieur, que, par mon père,
J'ai tout appris... cela vous suffira, j'espère.
Epargnez à tous deux plus d'explications.
Sans doute il vous plaira que nous nous en passions.

ANDRÉ

Vous êtes, mon enfant, un peu bien jeune en somme
Pour condamner aussi hardiment un cœur d'homme,
Et pour juger ceci : *l'amour dans la douleur...*
Deux mots profonds, monsieur, qui vous rendront meilleur...
En attendant, je veux me rappeler votre âge :
A voir l'étourderie, on ne sent plus l'outrage.

ROBERT

Nous n'avons pas souscrit à votre engagement.
Vous rendrez sa parole à mon père...

ANDRÉ

               Ah ! vraiment ?
Mais la demande est folle en ce qu'elle me blesse,
Et que je n'y peux plus obéir — sans bassesse !

ROBERT

Ne dites pas le mot bassesse !...

ANDRÉ

Parce que ?

ROBERT

Parce que vous avez gagné, sans notre aveu,
Sachant bien ce qu'un jour en dirait la famille,
L'esprit d'un vieillard faible et d'une jeune fille,
Vous, docteur, introduit chez nous par le devoir !
Vous...

ANDRÉ

Silence, monsieur ! — je vous fais, moi, savoir
Que, de vous, tout m'afflige et que rien ne me fâche,
Et qu'ainsi m'insulter plus longtemps serait lâche,
Puisque — entendez-vous bien ? — je ne me battrai pas
Avec vous... Je n'entends me battre, en aucun cas,
Avec le frère aimé de la femme que j'aime,
Qui m'aime, — et que j'épouse !.. Il me convient quand même
D'ajouter que j'allais, pour vous, spontanément,
Remettre en question un cher engagement...
Le cœur est plus profond que l'œil qui s'y hasarde...
La parole que j'ai, — maintenant je la garde !

ROBERT, avec un mouvement de menace

Ah !

ANDRÉ

Enfant !... qui voudrait changer ma *volonté !*
Je ne me battrai pas, c'est dit et répété.

Donc, geste qui provoque ou parole qui blesse,
Toute attaque est dès lors, — songez-y, — sans noblesse,
Et sans utilité comme elle est sans péril.
Aussi, tout bien jugé, le projet tiendra-t-il,
A moins que des raisons, — que vous n'aurez point faites, —
Changent trois volontés, aussi fermes qu'honnêtes.
Pesez tout. Faites tout. Mais rien n'y pourra rien.
...Au revoir, mon ami !

(Il sort.)

ROBERT

Pardieu ! nous verrons bien.

FIN DE L'ACTE DEUXIÈME.

ACTE TROISIÈME

Même décor.

SCÈNE PREMIÈRE

LEBONNARD, JEANNE, assise, triste, puis MARTHE

LEBONNARD, se promenant avec agitation

Nous n'avons plus revu personne. C'est bizarre.
Qui sait à quel éclat ce silence prépare !...
Voilà huit jours qu'on ne dit rien — ne fait-on rien ? —
Contre ton mariage... oui, c'est bizarre !...

(Elle fond en larmes, se lève en cachant son visage dans ses mains et va vivement vers la porte où elle rencontre Marthe qui lui ouvre les bras et sur
qui elle s'appuie un moment.)

Eh bien,

Ma fille ! eh bien ?...

(Il prend son chapeau et sa canne.)

Il est temps que tout ça finisse !

JEANNE, se dégageant des bras de Marthe qui veut la retenir

Non ! laisse-moi !

(Elle sort.)

SCÈNE II

LEBONNARD, MARTHE

MARTHE, à Lebonnard prêt à sortir

Monsieur, du calme !

LEBONNARD

                     A ton service,

Toi !

MARTHE

     J'y suis. — C'est aussi, voyez-vous, mon devoir,
Sachant ce que je sais, d'ouvrir l'œil et de voir.

LEBONNARD

Que dis-tu ? mêle-toi de ce qui te regarde !

MARTHE

C'est bien ce que je fais. Je vous dis : prenez garde !

LEBONNARD

A quoi ? je n'ai plus peur de rien !

MARTHE

                   Et, justement,
J'ai peur de ça pour vous, maintenant !

LEBONNARD

                     Ah ! vraiment ?

Que peut-il arriver ?

MARTHE

La colère est mauvaise !
Je vois Robert fâché, sombre.

LEBONNARD

J'en suis bien aise.

Que dit-il ?

MARTHE

Il s'indigne en parlant... d'un procès...
Et comme il ne sait rien de ce que, moi, je sais,
Je vois bien qu'il a pris parti contre lui-même !
Et quelquefois j'ai peur de vous, pour lui...

LEBONNARD, gravement

Je l'aime
Autant et plus que toi, Marthe. Songes-y bien :
Cinq ans je l'ai cru mien, trop aimé comme mien :
Ça ne peut plus partir !

MARTHE

Que Dieu juge !... et bénisse !

LEBONNARD

Je te comprends... Va donc, et ne crains rien, nourrice.

MARTHE

Ah ! maintenant, — comptez, monsieur, sur tout mon cœur !

(Elle sort.)

SCÈNE III

LEBONNARD, LE MARQUIS

LEBONNARD, au marquis qui entre

J'allais chez vous; — j'allais vous parler du docteur.

LE MARQUIS

Depuis huit jours, je vis à la chasse, en sauvage.
J'arrive ce matin.

LEBONNARD, à lui-même

Il ne sait rien; courage!

LE MARQUIS

Robert ne vous a pas dit adieu, de ma part?

LEBONNARD

Mais non, monsieur, je n'ai pas su votre départ.

LE MARQUIS

Tiens! — ...Eh bien, la raison du cœur est la meilleure :
Ils s'aiment : mariez-les donc !

LEBONNARD, enchanté

     A la bonne heure!
Enfoncé, Martignac!... Tout mon remerciment;
Tenez, je redoutais votre avis !

LE MARQUIS

Du moment
(Ma fille vous l'a dit l'autre jour elle-même)
Qu'un nom est pur...

LEBONNARD

Il a la noblesse suprême.

LE MARQUIS

Du moins l'essentielle. — Ah ! si l'on découvrait
Une tare à ce nom, je ne sais quel secret
Fâcheux...

LEBONNARD

Vous avez vu tantôt, avant la messe,
Ma femme ?

LE MARQUIS

Elle avait fait à Blanche la promesse
De la venir chercher, pour aller toutes deux,
Ce matin, au sermon de ce Père fameux
Qui parle du divorce, — un sujet à la mode,
Mais qui m'ennuie !

LEBONNARD, avec résolution, haut

Eh bien !...
(Il s'aperçoit que le marquis ne l'écoute pas, étant attentif à regarder par la
fenêtre. — A part.)
Ça n'est pas très commode;
Par quel bout commencer ?

6

LE MARQUIS, *regardant par la fenêtre*

C'est la fin du sermon :
Les anges vont sortir, en rêvant du démon !

(Revenant.)

Voyons, vous, n'avez-vous aimé que votre femme?

LEBONNARD

Oui. C'est une de trop.

(Entrent Robert et Mme Lebonnard.)

SCÈNE IV

LES MÊMES, ROBERT, Mme LEBONNARD

LE MARQUIS

Eh bien, chère madame,

Et ma fille?

Mme LEBONNARD

A l'église, encor pour un moment.

LE MARQUIS

Ah bon!... ma foi, l'église est bien décidément
La Bourse de la femme et l'endroit aux nouvelles.

Mme LEBONNARD

Quelle horreur!

LE MARQUIS

Quoi de neuf? Étiez-vous les plus belles?

Madame Y ou Z a-t-elle ce chapeau
Qui lui va mal? Quelle est la brebis du troupeau
Qui voit le loup, voyons?

Mme LEBONNARD

Voulez-vous bien vous taire !

LE MARQUIS

Mon aïeul s'égayait à me citer Voltaire.

Mme LEBONNARD

Bon, mais le badinage arrive mal.

LE MARQUIS

Ah ! ah !
La nouvelle du jour ? Voyons un peu cela !

Mme LEBONNARD

Il s'agit d'un scandale affreux, épouvantable,
Et qui décidément va rendre inacceptable,
Lebonnard, un projet auquel vous teniez fort,
Mais auquel, moi, j'ai su m'opposer tout d'abord,

(Avec sentiment.)

Grâce au sublime instinct mystérieux des mères !...
Ce scandale au surplus ne vous surprendra guères
Au fond. Vous saviez bien qu'il était imminent.

LE MARQUIS

Voyons.

Mme LEBONNARD

Mais ce qui va vous paraître étonnant,

C'est de le voir flétrir avec autant de force...
Notre prédicateur a parlé du divorce.

LEBONNARD

Le divorce est un bon remède en bien des cas.

Mme LEBONNARD

Vous dites ?

LEBONNARD

Rien. Je pense et je ne parle pas ;
J'attends.

Mme LEBONNARD

Il fallait voir cette sainte éloquence !
Surtout quand l'orateur a dit : « En conséquence,
Mes frères !... » J'ai perdu le reste du discours,
Mais quel geste ! quelle âme ! on l'entendrait toujours !
Même sans le comprendre, on est pris, on écoute.

(Désignant Robert qui entre.)

Mon fils vous dira mieux cela que moi...

SCÈNE V

Les Mêmes, ROBERT

ROBERT, s'avançant

Sans doute,
Il a bien du talent. Et lorsqu'il a conclu,
Il s'est montré fort beau, simple et ferme ; il a plu ;

C'est un dominicain. Il a des mains très blanches,
Fines, de race, et lorsqu'avec ses grandes manches,
Il a levé les bras au ciel, en profitant
D'un rayon qui, tombé du vitrail éclatant,
L'éclairait tout entier d'un feu multicolore,
Pour dire : « J'ai crié du côté de l'aurore... »
Les femmes ont failli l'applaudir... du talent !

Mme LEBONNARD

On voit qu'il se convainc lui-même en vous parlant.

ROBERT

C'est vrai, cela !

Mme LEBONNARD

Comment résister à cet homme !

(À Lebonnard.)

Je plains votre docteur.

LEBONNARD, impatienté

Pourquoi ?

ROBERT

Parce qu'en somme
Tout ce qu'a dit le Père a tourné contre lui ;
C'est le bruit, le cancan de la ville aujourd'hui ;
Les journaux de Paris, sur le ton ironique,
Prennent tous son vrai nom pour sujet de chronique.
Son père... putatif est sénateur ; donc, vieux.
Voici quelque seize ans qu'un procès odieux
L'a séparé de sa jeune et piquante femme.
Le procès révéla plus d'un détail infâme :

Détails de cabinet particulier... Passons.
La chronique rimée en a fait des chansons.
Le sénateur voulut bien haut, quoique légiste,
Renier son fils, mais *is pater* — bref... c'est triste !...
Tout éclate à nouveau, car notre homme a voté
Le divorce, et bien vite, il en a profité.
Gros scandale !

LE MARQUIS

  Est-ce tout ?

Mme LEBONNARD

    Non. La supérieure,
Du couvent Saint-Louis a renvoyé sur l'heure
Le docteur.

LEBONNARD

 Oh !

Mme LEBONNARD

   C'était son devoir et son droit...
Les élèves déjà se le montraient au doigt,
Ce monsieur, ce héros de la triste aventure.

ROBERT

Pour être juste, il faut dire, comme on l'assure,
Qu'elle avait demandé poliment, au docteur,
Sa démission.

Mme LEBONNARD

   Bon ! Je reconnais ton cœur,
Mon Robert, mais l'effet après tout, est le même.
C'est un homme perdu.

ROBERT, *appuyant*

Perdu.

LEBONNARD

Ma fille l'aime.
Celui que vous nommez le héros d'un roman
N'en est que la victime, et je le plains.

Mme LEBONNARD

Comment!
Victime si l'on veut, mais il encourt un blâme
Dont souffrirait ma fille en devenant sa femme;
Cela ne sera pas.

LEBONNARD

Un blâme, dites-vous?
Quelle justice est donc la vôtre?

Mme LEBONNARD

Cher époux,
La justice du monde. Elle en vaut bien une autre.
Vous n'y changerez rien, gardez pour vous la vôtre
La justice du monde estime glorieux
Ou bas — les fils, selon la valeur des aïeux.

LE MARQUIS

Et certe il y a bien quelque chose, que diable!
La science aujourd'hui — cela n'est pas niable —
Est d'accord elle-même avec nos... préjugés!
L'hérédité n'est pas un mot.

LEBONNARD

Vous dérogez,
Vous, pourtant, en donnant votre fille...

SCÈNE VI

Les Mêmes, BLANCHE

BLANCHE, qui est entrée sur le dernier mot du marquis

Mon père,
Vous n'allez ni céder, ni discuter, j'espère.
(A Robert.)
J'ai les conseils du prêtre, et j'ai pris mon parti !
Dût mon bonheur, Robert, en être anéanti,
Moi qui veux fièrement devenir votre femme,
Je mets à mon refus la même force d'âme,
Si l'on veut m'imposer ce beau-frère. Ah ! mais non !
Un nom roturier, soit, mais point de tare au nom !
Enfin, — le mot divorce offense ma pensée !
Et je ne cède plus quand je suis offensée.
Jamais.

ROBERT, à Lebonnard

Vous l'entendez, mon père.

Mme LEBONNARD, à son fils, regardant Lebonnard, qui semble se consulter

Soyez sûr
Qu'il cédera. C'est tout l'opposé d'un cœur dur.

LEBONNARD, à lui-même

S'il savait !...

LE MARQUIS, à Lebonnard

Qu'avez-vous ?

LEBONNARD, bégayant d'indignation

                    Je voudrais... pouvoir dire...
C'est une hypocrisie affreuse, et rien n'est pire !
La justice du monde, ah, oui ? la pension
Saint-Louis ! où l'on fit votre éducation,
Ma femme ! Parlons-en !... Le scandale est infâme ;
Le péché, non !... Voilà le principe, ma femme !
On chasse le docteur ?... Vous aurez machiné
Tout ça !... je le devine !... et je suis indigné !...
Prenez garde !... Et pourtant... l'honneur de ma famille...
     (A Robert et à Blanche.)
Votre bonheur à vous...

                         (Il sort dans une grande agitation.)
                    Ah ! ma fille ! ma fille !

SCÈNE VII

Les Mêmes, moins LEBONNARD

Mᵐᵉ LEBONNARD

Il est vaincu, soyez-en sûr, je le connais.

BLANCHE

Jeanne, pas plus que moi, ne cédera jamais.
C'est son entêtement qu'il faut craindre pour elle.

ROBERT

Toute sévérité la trouverait rebelle ;
Mais pour plaider ma cause à fond, avec douceur,
Je vais faire appeler ici ma bonne sœur...

(Allant à la porte de gauche.)

Vous, restez tous par là, — pour qu'au moindre avantage
Votre approbation me soutienne et l'engage.

Mme LEBONNARD, voyant entrer Jeanne à droite

Elle vient... laissons-les.

(Ils sortent.)

SCÈNE VIII

ROBERT, JEANNE

ROBERT, à Jeanne, qui range une corbeille à ouvrage

          Étiez-vous au sermon,
Marthe et toi, ce matin ?

JEANNE

          Non. Heureusement non.
Mais je sais tout. C'est là ce que tu veux, sans doute.
Voyons donc, parle franc. Point de détours. J'écoute.

ROBERT

Ah ! tu sais tout ? Eh bien ! tes résolutions ?

JEANNE

S'affermissent. J'épouse André.

ROBERT

Comment !

JEANNE

Voyons,
Dois-je l'abandonner dans le malheur, mon frère ?

ROBERT

Mais tu ne songes pas aux suites ?

JEANNE

Au contraire ;
J'y songe, et je les veux ! — .oui, toutes !

ROBERT

Tu veux donc
Faire mon désespoir, à moi, Jeanne ?

JEANNE

Pardon,
Je ne te comprends plus. Dis toute ta pensée...
Est-ce que Blanche ?....

ROBERT

Oui, je perds ma fiancée
A ton mariage !

JEANNE

Oh ! mon pauvre frère ! Quoi !
Blanche ferait cela !... Tu vas donc souffrir, toi !
Mais alors...

ROBERT

Ah ! j'avais compté sur la noblesse
De ton cœur !...

JEANNE, se roidissant contre elle-même

Eh bien ! non, non ! ce serait faiblesse !
Je suis lasse de cet éternel compliment,
De l'égoïsme adroit qui pousse au dévoûment !
Je sens que je perds tout pour un point que je cède,
Et l'entêtement seul peut me venir en aide !
Ah ! Blanche a dit cela ! Blanche ferait cela !
En ce cas, sois heureux, mon frère, et pleure-la !
Pleure : elle t'aimait mal et n'est pas généreuse ;
Sois heureux : tu l'apprends à temps... J'en suis heureuse !

ROBERT

Folle !

JEANNE

Assez ! — Je n'accepte injure, ni conseil ;
Je sens ma volonté, ma colère, en éveil...
Respecte en moi, Robert, ta sœur, ta sœur aînée.

ROBERT

Non ! tu ne seras pas à ce point obstinée !
Toi qui l'encourageas, tu sais que cet amour
N'est pas un rêve, enfin le caprice d'un jour,
Mais bien un amour d'homme, et noble, et qui me garde
Des périls où parfois mon âge se hasarde...
J'étais léger, oh ! plus qu'à présent ! autrefois,
Mais depuis que j'entends, répétés par sa voix,

Tes bons conseils, tu sais, Jeanne, que je me range.
C'est ton amie à toi, pour moi c'est un bon ange.
Est-ce que tu pourrais, est-ce que tu voudras
M'arracher l'avenir que j'ai là, dans mes bras,
Et la désespérer, elle, en me brisant l'àme!

JEANNE

Mais c'est ton égoïsme et lui seul qui réclame,
Mon frère! Et si je viens, moi, te dire à mon tour :
« J'aime aussi, moi, mon frère, et j'ai droit à l'amour! »
Peut-être est-ce à ton tour de faire un sacrifice.

ROBERT

Soit. Mais Blanche du moins (rends-lui cette justice)
N'a pas les mêmes torts que moi. Tu l'avoueras,
Elle m'aime, elle souffre.

JEANNE

Elle ne t'aime pas!

ROBERT

Ce qu'elle fait, c'est son devoir. Noblesse oblige.

JEANNE

Son devoir, ce serait de t'aimer mieux, te dis-je ;
Elle ne t'aime pas ou du moins pas assez...
Quand le bonheur nous lie à d'heureux fiancés,
C'est pour qu'ils soient plus forts dans toutes les batailles,
Et le jour de défaite est un jour d'épousailles!

ROBERT

Quelle tête de fer elle a!

JEANNE

J'ai reconnu
Qu'il faut ça pour défendre un cœur faible et trop nu.
Tu disais l'autre jour, tu m'as fait mieux comprendre
Qu'on est lâche aisément, à force d'être tendre.
Le dévoûment n'est bon que s'il produit le bien.
Oui, c'est beau d'être fort!... Je ne céderai rien.

ROBERT

Au nom de l'amitié solide qui nous lie,
O Jeanne!

JEANNE

Et ne crains pas, Robert, que je l'oublie!

ROBERT

D'une amitié que rien jusqu'ici ne troubla...

JEANNE

J'ai pris parfois un peu de peine pour cela.

ROBERT

Au nom de notre mère!...

JEANNE

Ah! le nom de ton père
Nous eût mieux rapprochés!...

ROBERT

Elle me désespère!

(Il sort. A peine est-il sorti qu'elle porte vivement son mouchoir à ses yeux.
Un instant, elle pleure en silence, mais à l'entrée de Blanche, elle cache brusquement ses larmes.)

SCÈNE IX

JEANNE, BLANCHE

JEANNE

Venez-vous en amie?

BLANCHE

Assurément; pourquoi
Viendrais-je en ennemie?

JEANNE

Êtes-vous contre moi
Ou non?

BLANCHE

Je suis pour toi, contre ton mariage.

JEANNE

Contre et pour moi! Soyez plus franche de langage.
Vous vous opposerez à mon mariage?

BLANCHE

Oui.
Ou plutôt, — n'ayant pas ce droit, — dès aujourd'hui...

JEANNE

Je sais... Vous renoncèz... au bonheur de mon frère!...

BLANCHE

La douceur t'allait mieux!

JEANNE

Ma force est le contraire
De la vôtre, qui sait repousser sans retour !
Mon énergie à moi, c'est encor de l'amour !

BLANCHE

Voyons, tu le connais à peine ce jeune homme ;
Où, quand l'as-tu jugé ? Tu crois l'aimer ! En somme,
Tu ne peux pas encor l'aimer si fortement !
C'est ta pitié qui va vers lui !... Du dévoûment ?
Prends garde ! On ne peut pas être longtemps sublime.

JEANNE

Sais-tu bien depuis quand je l'aime et je l'estime ?

BLANCHE, dédaigneuse

Du jour de la première ordonnance ?

JEANNE

Mais oui !
Et que peut ce détail si plaisant — contre lui ?
Vous m'affligez. Ce mot me surprend sur vos lèvres....
Je souffrais mille morts, le sang brûlé de fièvres ;
Il m'aidait à souffrir, il combattait mon mal.
Les misères du corps, eh oui, c'est trivial !
Mais seul il sait aimer, celui qui les supporte
Dans une femme, et l'aime encor malade ou morte !

BLANCHE

C'est très bien, mais...

JEANNE

C'était l'angine, un mal hideux...
On éloigna ma mère et Robert, tous les deux.
Marthe ne voulut pas me quitter, bonne vieille,
Et le brave docteur, l'inconnu de la veille,
Avec mon père, et seul,... courbé sur mon chevet,
Respirait l'agonie affreuse!... et me sauvait!...
Ah! j'estime à son prix ce calme et froid courage,
Qui se bat sans éclat, sans faste, sans tapage,
Se dévoue à toute heure, et qui meurt au besoin
En signant l'ordonnance au droguiste du coin!
Je ne vous croyais pas capable d'en sourire.

BLANCHE

Nous nous éloignons fort de ce qu'il faudrait dire.
Tu connais ce procès scandaleux...

JEANNE

Dont il est
La victime, oui.

BLANCHE

Bien, — et crois-tu s'il te plaît,
Que tes amis voudront recevoir...

JEANNE

Je renonce
Aisément à si bons amis!

BLANCHE

Belle réponse!
Mais Jeanne, tu seras réduite à voir... qui donc?

7

JEANNE

Des vaincus comme nous, des cœurs à l'abandon.

BLANCHE

Tous les gens comme il faut, la belle clientèle,
Vous fuiront.

JEANNE

Nous aurons celle qui n'est pas belle,
Vos méprisés, les gens comme il n'en faudrait pas !

BLANCHE

Oui, tu réponds à tout ! mais tu nous céderas,
O Jeanne, — car ton frère et moi, Jeanne, oui, moi-même,
Tu nous aimes, enfin ! Et tu sais si je l'aime !

JEANNE

Épouse-le donc.

BLANCHE

Si tu persistes, — jamais !

JEANNE

Tu ne l'aimes donc pas, Blanche ! Si tu l'aimais,
Rien ne t'empêcherait d'être à lui, rien au monde !
De quoi l'accuses-tu ? Que ton cœur me réponde !
Quelle faute est la sienne ? Est-il autre aujourd'hui
Qu'hier, parce que moi j'épouse (et malgré lui !)
En bonne fiancée, en bonne et brave fille,
Un homme malheureux, mais droit, dont la famille
Commit des fautes !... Tiens, je suis surprise !... En quoi,
Robert, mon frère, a-t-il démérité de toi ?

BLANCHE

Fille d'une famille ancienne, noble et haute,
Je n'y verrai jamais de tare par ma faute.
Je n'y veux pas de nom qui trouble mes aïeux
Et rappelle un passé de honte à tous les yeux !

JEANNE

Ce n'est que ton orgueil qui tranche du sublime.

BLANCHE

On doit fuir le scandale : il aggrave le crime.

JEANNE

Fuis le coupable seul !

BLANCHE

Seul ! mais jusqu'en son nom !

JEANNE, avec une sorte de pitié dédaigneuse et irritée.

Ah, toi ! tu ne peux pas changer ta race, non !...
Vous ignorez encor la justice nouvelle !
Vous n'avez plus pour vous le Dieu qui se révèle
Et vous ne croyez plus, mais vous ne pensez pas !
Vous répétez, devant la croix qui tend les bras,
Ce que vous ont appris vos livres de prière,
Mais vous êtes sans foi ni raison, sans lumière !
Quant à la charité, la charité pour vous
C'est de donner parfois aux pauvres quelques sous,
Mais la sainte pitié qui va de l'âme à l'âme,
Qui saurait au besoin coudoyer un infâme,
Qui partage les maux d'autrui plus qu'à moitié,
Qu'en faites-vous ?... Ma sœur, au nom de la pitié !...

BLANCHE, s'éloignant

Adieu...

JEANNE

Non! sur ce mot, nous devons nous entendre!

BLANCHE

Il est déjà trop tard pour redevenir tendre,
Et vous m'avez blessée, en le prenant si haut.

JEANNE

Laisse-moi faire en paix mon devoir : il le faut,
Blanche! — Je t'ai blessée?... eh bien, je t'en supplie,
Pardonne-moi. C'était dans la colère. Oublie;
Et moi j'oublierai tout aussi, je te promets.

BLANCHE

Je le regrette bien pour vous, mais non, jamais
Blanche d'Estrey n'aura cet homme pour beau-frère.
Dans un instant, je vais quitter, avec mon père,
Et pour n'y plus rentrer, cette maison. Adieu.

JEANNE

Le voilà bien, l'orgueil de la race! Oh, mon Dieu
Oui, et j'avais raison d'en parler tout à l'heure!
Le voilà tout entier. Je supplie et je pleure,
Je parle avec mon cœur... l'orgueil seul me répond.
Tenez, Blanche, en voyant l'égoïsme profond
Opposer à l'amour des titres de noblesse,
Quelque chose de vous, au fond de moi, me blesse...
Je me sens peuple!... Et j'ai comme un remords chrétien
De haïr votre sang, dans la fierté du mien!

BLANCHE

Ces violences-là ne peuvent pas m'atteindre.
Nous savons dédaigner.

JEANNE

Et nous, nous savons plaindre.

(Les deux jeunes filles font un mouvement pour se séparer. Blanche se retourne vivement.)

BLANCHE

Ah! Jeanne, plains-moi donc! plains-moi de tout ton cœur,
Car j'aime! et je me fais souffrir avec rigueur.
Plains-moi de tout ton cœur, car j'ai l'âme brisée!
Je sors de ce cruel débat, tout épuisée;
Oui, l'éducation, mes préjugés, ma foi,
Les fiertés qu'on m'apprit se révoltent en moi,
Jeanne, — et je ne peux pas les réduire. Impossible!
J'ai fait un long effort pour paraître insensible.
A quoi bon m'attendrir? Je suis faible tout bas :
C'est déjà trop... Plains-moi, Jeanne... Je ne peux pas !

(Blanche va pour sortir, mais le marquis entre et c'est Jeanne qui sort.)

SCÈNE X

LE MARQUIS, Mme LEBONNARD, BLANCHE,
puis LEBONNARD et ROBERT

BLANCHE

Ah! mon père!

LE MARQUIS

Eh bien ?

BLANCHE

Ah! partons, c'en est assez!

LEBONNARD, entrant

Qui donc a fait pleurer ma fille?

Mme LEBONNARD

           N'accusez
Que votre entêtement, votre imprudence insigne!

SCÈNE XI

LES MÊMES, ANDRÉ

ANDRÉ, s'adressant à Lebonnard

Pardonnez-moi, monsieur, de forcer la consigne.

LEBONNARD

On vous a refusé ma porte! Oh! c'est trop fort!

ANDRÉ

J'ai passé malgré tout, et vos gens n'ont pas tort.
(Apercevant le mouvement que fait le marquis vers la sortie.)
Non, monsieur le marquis; le sujet qui m'amène
Souffre votre présence à tous; nul ne me gêne;
Au contraire. Il est bon que vous soyez tous là.
(A Lebonnard.)
J'avais votre parole; eh bien! reprenez-la,

Monsieur. Le fiancé vous dégage lui-même.
Je renonce à la main de votre enfant, que j'aime ;
Cela pour des motifs...

(A Robert avec intention.)

... que vous n'avez point faits,

(S'adressant de nouveau à Lebonnard.)

Et dont je dois souffrir tous les effets.
Notre accord, à tous deux, m'eût paru légitime
Par un consentement de famille unanime,
Et certes, j'eusse alors accepté, bras ouverts,
Le bonheur et l'honneur que vous m'avez offerts...
Il en est autrement. — Je n'ai pas à vous dire
Le chagrin qu'on éprouve à fuir ce qu'on désire,
Ni si j'en dois garder un regret éternel...
J'apporte seulement un adieu, — mais formel.

(Il salue profondément et fait un pas vers la porte. Lebonnard paraît cons-
terné. Le marquis s'avance vers André.)

LE MARQUIS

Et c'est agir, monsieur, en parfait galant homme.
Sur le fond, nous avons le même avis, en somme ;
Sans en admettre rien, nous souffrons, comme vous,
De préjugés vieillots, que nous condamnons tous ;
Mais la province est la province : elle est têtue...
Et le nombre des sots est grand... c'est ce qui tue.
Il faut subir tel quel le monde : il n'est pas mieux.
Pour moi, qui suis un peu philosophe, assez vieux,
Et connaisseur en cœurs d'homme, je vous exprime
Mon approbation et toute mon estime.

ANDRÉ

Lorsque ma conscience a, monsieur le marquis,
Décidé que son bon suffrage m'est acquis,
Je n'ai plus besoin d'être approuvé par personne...
Je ne refuse rien pourtant, de ce que donne,
En fait de sentiments, — un cœur sincère et haut.

BLANCHE, qui examine André avec attention

Elle l'épousera !

LEBONNARD, très ému, arrêtant André devant la porte

Monsieur, un dernier mot :
Ma porte, pour vous seul, est ouverte à toute heure !
Nous avons pour cela la raison la meilleure,
Car entre nous rien n'est changé... Je suis ici
Seul maître de maison... Ne sortez pas ainsi...
Ou du moins sachez bien, du chef de la famille,
Que vous êtes, — pour lui, — le futur de sa fille !

ANDRÉ, résolument

Merci, monsieur. — Adieu.

(Il sort.)

SCÈNE XII

LES MÊMES, moins ANDRÉ

BLANCHE

Partons, mon père. Adieu,
Madame. Adieu Robert.

(A Lebonnard.)

Adieu, monsieur.

(A Robert.)

Je pars désespérée et ferme. — Allons, mon père.

(Elle s'éloigne.)

ROBERT, arrêtant le marquis qui suit sa fille

Ah! monsieur, dites-moi, que faut-il que j'espère?

LE MARQUIS

Tout ce que je dirais lui serait fort égal
En ce moment.

ROBERT

Pourtant...

LE MARQUIS

Vous la connaissez mal,
Si vous imaginez que j'y peux quelque chose!

(Il sort. Robert sort de son côté.)

ROBERT, se retournant rageusement vers son père

Et voilà votre ouvrage!

(Il sort.)

SCÈNE XIII

LEBONNARD, Mme LEBONNARD

LEBONNARD, narquois

Eh! oui, l'on se propose,
Et je dispose!

Mme LEBONNARD

Ainsi votre espoir et le mien,
Vous perdez tout gaiment !

LEBONNARD

Oh ! moi, je ne perds rien !

Mme LEBONNARD

Comment ?

LEBONNARD

Ma fille aura bientôt l'époux qu'elle aime
Et vous l'accepterez facilement vous-même !

Mme LEBONNARD

Jamais ! — Quoi ! j'aurais donc soigné jalousement
Ma réputation, pour perdre en un moment
Le fruit de tant de soins ! J'aurais, toute ma vie,
Marché vers une idée uniquement suivie,
Celle de m'allier à quelque noble nom,
Pour finir par tarer le nôtre, jamais, non !
Non, non ! — mille fois non !

LEBONNARD, avec calme

Si fait !

Mme LEBONNARD

Jamais, vous dis-je,
Lebonnard !

LEBONNARD

Mais je suis, moi, le maître ! et j'exige !

Mme LEBONNARD

Jamais! Jamais! Jamais! Et j'irai jusqu'au bout!
Ah! votre volonté s'éveille tout à coup!
Ah! vous voulez parler en maitre, mon bonhomme!
Mais je perdrais plutôt le nom dont on me nomme,
Le vôtre! que céder aux brusques volontés
D'un vieux niais! Et si, ma foi, vous résistez,
Obéissant sans doute aux leçons mal apprises
De ma fille, je vous réserve des surprises!
Et j'abandonnerai, s'il le faut, la maison,
M'entends-tu bien, plutôt que te donner raison!

LEBONNARD

On peut se séparer même, c'est trop facile!
Et je suis calme, à cette idée, — oh, bien tranquille,
Voyez! — moi si longtemps effrayé par vos cris!
C'est qu'alors j'évitais un scandale *à tout prix!*
Et c'est ma volonté qui vous laissa si forte!
Ma fille est mariée aujourd'hui... Que m'importe
Le reste? Elle a su prendre un homme de devoir.
Avant cela, j'ai su me taire, et ne rien voir,
Et trembler devant vous, vous redoutant pour elle!
Au risque d'étouffer, j'étouffais la querelle,
Et, — quinze ans, — je vous ai pardonné votre amant!

Mme LEBONNARD

Vous dites?

LEBONNARD

Que je fus bon père, simplement;
Et jamais un mari complaisant, non, ma femme!

Mme LEBONNARD

Répétez-donc cela, pour voir! mais c'est infâme !...
En vérité, j'ai mal entendu!

LEBONNARD

                    Mais quel front,
Quelle force d'audace étrange, avez-vous donc!
Toujours l'hypocrisie, et pas un peu de honte!
... Quand votre noble amant est mort... Monsieur le comte!...
Je compris qu'il était votre amant!... Quand vos pleurs
Coulaient ici pour lui, j'allais pleurer ailleurs!...
Et dès le premier jour qu'il écrivit, — sans lire
Sa lettre, — j'avais vu ce qu'elle venait dire!

Mme LEBONNARD

Vous radotez !

LEBONNARD

                    Et c'est au nom de la vertu,
Et parce que l'époux, étant père, s'est tu,
Que vous osez compter encor sur mon silence,
Quand le bonheur de mon enfant est en balance!
Mais si l'époux s'est tu, c'était pour cette enfant!
Vous allez voir comment le père la défend!

Mme LEBONNARD

Vous êtes fou !... D'ailleurs, compare-t-on la femme
Qui n'eut qu'un seul amour, — coupable, soit ! — dans l'âme,
A celle qui s'est fait dire publiquement
Par son mari : Mon fils est fils de votre amant!

LEBONNARD

Et si je n'ai pas dit cela, moi, comme l'autre,
Publiquement, — ce crime est pourtant bien le vôtre?

Mme LEBONNARD

Vous croyez donc ?

LEBONNARD

Non pas! Je sais!

Mme LEBONNARD

Et quoi ?

LEBONNARD

Robert,

Malheureuse !

Mme LEBONNARD

C'est faux !

LEBONNARD

Voyez si j'ai souffert!

Mme LEBONNARD

Où prenez-vous ce que vous dites ?

LEBONNARD

J'ai la preuve,
Voilà quinze ans!... Ainsi, ma douleur n'est pas neuve!
Une lettre perdue a trahi le secret!
Vous pouviez avec soin fermer votre coffret!
J'ai là, depuis quinze ans, ce secret qui me brûle!
Et vous traitiez, aveugle! en mari ridicule,

Un père dévoué dont on ne rira plus !
Car c'est fini ! J'arrive à ce que je voulus !
Votre fils peut railler, pour imiter sa mère !
Vous ne toucherez plus aux droits du père... arrière !
Je vous reprends ma fille !... On m'y force ? tant mieux !
Gardez le fils de l'autre !

Mme LEBONNARD

Ah ! non ! c'est odieux !

LEBONNARD, lui saisissant et lui tordant les mains

Odieux ? vraiment ! qui ? quoi donc ? A qui la faute ?
Et pourquoi venez-vous, coupable et tête haute,
Invoquer à grands cris, vous, cette loi de sang,
La loi de déshonneur qui frappe l'innocent !
(Il la repousse violemment de lui. Elle tombe sur un fauteuil au moment
où Robert entre.)

Mme LEBONNARD

Il me battra ! J'ai peur !

SCÈNE XIV

LEBONNARD, Mme LEBONNARD, ROBERT

ROBERT, entrant avec violence

Ma mère !... que dit-elle ?
J'ai des droits aussi, moi !... D'où vient cette querelle ?

LEBONNARD

Demandez-le-lui !

ROBERT

Quoi ! vous la menaciez, vous !
Vous !.. Elle a peur de vous ! Voilà bien ces cœurs doux,
Qui savent au besoin torturer une femme !
Mais je la défendrai contre vous, que je blâme !
Car, bien sûr, vous parliez encor de cet André !
Mais je sais mon devoir, et mon droit est sacré !

Mme LEBONNARD, effarée et suppliante

Tais-toi, Robert, tais-toi !

ROBERT, à Lebonnard

Je ne dois pas me taire !...
Ah ! tenez, j'ai toujours craint votre caractère :
Votre bonté, n'est que faiblesse, c'est certain !
Et quand vous vous mêlez d'agir, un beau matin,
De vouloir, — c'est encor faiblesse !

Mme LEBONNARD

Oh ! je t'en prie,
Oh ! par grâce, tais-toi !

ROBERT

Si Jeanne se marie
Au gré de son premier caprice, vous aurez,
Voyez-vous, fait, d'un coup, quatre désespérés :
Jeanne, qui ne sera pas heureuse, — moi, Blanche,
Ma mère !... Et voulez-vous la vérité bien franche ?
Tout cela, c'est faiblesse encor de votre part,
Faiblesse...

(Entre ses dents.)
et lâcheté !

LEBONNARD, hors de lui

> Assez !... tais-toi ! bâtard !

ROBERT

Mon père !...

LEBONNARD, d'une voix sourde qui s'élève peu à peu

> Je ne veux plus te voir ! plus t'entendre !
Assez ! J'étais un cœur trop faible, oui, trop tendre !
Et j'eus tort, te sachant bâtard, de te nommer
Mon fils ! je le vois bien, j'avais tort de t'aimer !
Toi, toi qui m'abreuvais, qui m'abreuves encore
D'amertume, — entends-tu, toi ! que mon nom honore !
Qui me dois de n'avoir pas l'air d'être un bâtard !
Un de ces pauvres fils de honte, de hasard
Et de scandale, à qui les pères de famille,
Et les nobles surtout ! ne donnent pas leur fille !

Mme LEBONNARD

Oh ! Dieu ! mon Dieu !

LEBONNARD

> Ce fut faiblesse et lâcheté,
Je le vois, j'en conviens, de t'avoir adopté !
Faiblesse et lâcheté, de subir, sans rien dire,
Ta raillerie à tout propos, ton mauvais rire,
Quand je pouvais si bien t'écraser d'un regard,
Fils du comte d'Aubly, dit Robert Lebonnard
Par la grâce du vieil idiot, faible et lâche !

ROBERT

Oh ! que m'arrive-t-il ! Je n'y vois plus !

LEBONNARD

                              Je tâche
De comprendre pourquoi tu me hais !... je vois bien :
Ton sang a deviné la roture du mien....
C'est cela ! L'ouvrier, en moi, te déshonore !
Tu t'en moques ! Eh bien, j'aurais souffert encore,
Et toujours, tes gaîtés d'enfant un peu méchant,
Par pitié pour toi ! mais de quel droit, fier, tranchant,
Viens-tu, toi ! t'opposer au bonheur de ma fille !
Dis, de quel droit, gardien d'honneur de la famille,
Repousses-tu celui qu'elle aime, et, dis, pourquoi ?
Parce qu'il est un fils naturel?... comme toi !
Et de quel droit viens-tu faire à l'expérience,
Au dévoûment, à mon âge, à ma patience,
Une leçon de fils insoumis !... c'est assez !
Je n'ai qu'un seul enfant : ma fille!... obéissez!
Vous, taisez-vous ! j'ai, seul, droit de disposer d'elle !
Je suis le père ! Assez !

                                   (Il sort.)

SCÈNE XV

Mme LEBONNARD, ROBERT, MARTHE, qui au bruit des cris
est accourue et qui a assisté à la fin de la scène précédente

ROBERT

Ma mère !
(Il se penche vers Marthe qui s'est approchée de lui.)
                              Et toi, fidèle
Marthe, étais-tu là, dis ? Tu ne me réponds pas,

                                        8

Ma mère nourrice ? oh ! tout est donc vrai ! Hélas !
Mais alors, moi, que suis-je ? et qu'ai-je à moi ? J'y pense !
Cet homme m'a donné... tout, et pour récompense
De ses bienfaits... Je suis un pauvre. Oui, et ma sœur,
Je la vole ! Et de plus, je lui brisais le cœur !
Elle veut épouser cet homme, et je la blâme
Parce qu'il est... et moi !... Dieu ! que j'ai mal dans l'âme !
Oh ! ma mère ! oh ! ma mère ! oh ! ma mère ! oh ! mon Dieu !
Que je souffre ! et que vous devez souffrir... Adieu.

(Il court vers la porte.)

Mme LEBONNARD, se levant

Où vas-tu ?

ROBERT

     M'engager, mère, il faut que je parte.
Je veux être soldat.

(Il sort.)

Mme LEBONNARD

Mon fils ! mon enfant !

(Elle sort.)

SCÈNE XVI

MARTHE, JEANN E

JEANNE, entrant

                 Marthe,
Marthe ! qu'a donc mon frère ? il est sorti d'un air
De désespoir !

MARTHE

Il va faire un malheur, c'est clair !
Je suis tout étonnée et plus morte que vive !
Mademoiselle, hélas ! un grand malheur arrive
Que j'avais bien prévu !

JEANNNE

Vite !

MARTHE

C'est un secret
Que moi seule je peux vous dire. On n'oserait.
Moi, je le dois.

JEANNE

Eh bien ?

MARTHE

C'est un secret terrible
Et dont j'ai peur pour vous. Vous êtes si sensible !
Robert en l'apprenant....

JEANNE

Ah ! tu me fais souffrir !

MARTHE

... Veut se faire soldat ... c'est qu'il pense à mourir !
Sauvez-le, vous !.... Il est votre frère, quand même !

JEANNE

Comment ne serait-il plus mon frère ?

MARTHE

Il vous aime.

Il a parlé de vous. Il a dit: pauvre sœur !
Sauvez-le !

JEANNE

Mais enfin ?

MARTHE

Vous avez tant de cœur !
Mon Dieu ! Comment vous dire, à vous, pareille chose !
Et cependant j'y suis forcée. Il faut que j'ose.
Il faut bien le sauver de lui-même...

JEANNE

Enfin, quoi ?

MARTHE

Votre père.... n'est pas...

JEANNE qui, dans un regard, a compris

Marthe !...

MARTHE, tombant à genoux et baisant le bas de sa robe

Pardonne-moi !
Je t'ai fait du mal, chère innocente ! pauvre âme !
Mais qui pouvait parler, sinon la vieille femme
Qui vous tint dans ses bras, chers enfants, tous les deux !
Il n'a pas mérité d'être si malheureux !
Ah ! sauve Robert, Jeanne !... Il est toujours ton frère !

JEANNE, immobile debout, les yeux secs, regardant droit devant elle

Mon père ! mon bon père ! hélas ! mon pauvre père !

FIN DE L'ACTE TROISIÈME

ACTE QUATRIÈME

SCÈNE PREMIÈRE

LEBONNARD, MARTHE

LEBONNARD

Va, laisse-moi le voir ! — Depuis une semaine,
Je vais, je viens, je suis une vraie âme en peine....
Voyons, rien qu'un moment, s'il dort, Marthe !... s'il dort.

MARTHE, le repoussant avec douceur

...Cela va mieux. On a passé tout le plus fort.
Monsieur André permet qu'il sorte aujourd'hui même,
...Pas longtemps, — car il est d'une faiblesse extrême.

LEBONNARD

Ah ! comment le plus doux devient-il si méchant ?

MARTHE

Répare-t-on le mal en se le reprochant ?
Non, monsieur ; mais tout peut se réparer encore !

LEBONNARD

Ce qu'il sait, je ne peux plus faire qu'il l'ignore.

MARTHE

Tant que les étrangers ne savent toujours rien,
Tous pouvez toujours tout...

LEBONNARD

     Je ne comprends pas bien.

MARTHE

Mariez-le...

LEBONNARD, vivement

   Mais Jeanne, alors ?... c'est impossible !
J'aurais donc fait pour rien cette chose terrible !
Non, non !

MARTHE

   Si vous saviez, il a changé beaucoup,
Il fait pitié, monsieur... il n'est plus fier du tout !...
Il voulait ce docteur, même dans son délire...
Vous comprenez, monsieur, ce que ça voulait dire ?
Il pensait à sa sœur !... Le malheur l'a fait bon...
On dit qu'un grand malheur appelle un grand pardon.

LEBONNARD

Ah !

MARTHE

Jamais je n'ai vu patience pareille :
Tenez, la nuit, des fois, je l'entends qui s'éveille,
Qui pleure, — et qui m'appelle... Au premier bruit, j'accours.

« Marthe ! » Ah ! comme on sent bien qu'il demande secours !
J'arrive, et je le vois, sous la veilleuse, — blême,
Accoudé, — l'œil, trop vif, grand ouvert sur lui-même, —
Et, quand je tends vers lui ma pauvre main qu'il prend :
...« On a bien du chagrin, Marthe, lorsqu'on est grand :
« Je veux me croire encor petit, — chante, nourrice ! »
Ah ! comme il me regarde ! il faut que j'obéisse ;
Et je chante mes airs d'autrefois, — et je vois
Que j'endors sa souffrance avec ma vieille voix.

LEBONNARD

Mais que faire ! que faire ? as-tu quelque pensée ?

MARTHE

On n'a pas prévenu, monsieur, sa fiancée :
Qu'on la fasse venir.

LEBONNARD

Et puis ?

MARTHE

Il la verra.
Seulement de la voir, ça sera toujours ça.

LEBONNARD

J'y vais, Marthe, j'y vais... C'est toi la bonne mère !

(Il sort.)

SCÈNE II

MARTHE, JEANNE

JEANNE, entrant

Eh bien, Marthe, que dit le docteur, de mon frère ?

MARTHE

Tout va bien. Le voici qui sort.

(Elle sort.)

SCÈNE III

JEANNE, ANDRÉ

ANDRÉ, entrant

       Hors de péril !
Ne pleurez plus.

JEANNE

   Enfin ! que fait-il ? que dit-il ?
...J'y vais.

ANDRÉ

   Il ne faut pas qu'il s'agite ou qu'il cause.
J'ordonne du repos par-dessus toute chose...
Hélas ! sans le savoir, je devine aisément
Que c'est moi qui vous donne, après tout,—ce tourment.

Mais enfin qu'a-t-on pu lui dire de si grave
Pour frapper à ce point cet homme jeune et brave ?
Si vous le savez, vous, — vous pouvez plus que moi.

JEANNE

Oui, ç'a été terrible, et vous sentez pourquoi.
Nous refuserons donc — malgré Robert lui-même —
D'accepter un bonheur qui lui prend ce qu'il aime ;
Nous sauverons ainsi sa vie et sa raison !

ANDRÉ

Ah ! j'avais fièrement quitté cette maison...
Il a fallu, pour mon malheur, qu'on m'y rappelle !

JEANNE

Monsieur André !

ANDRÉ

      Tenez, vous êtes bien cruelle !
Il m'a voulu : je suis venu ;... je reviendrai,
Mais pour l'instant, laissez, laissez je pars...

JEANNE

                  André !

ANDRÉ

Tout pour lui : fiancée et sœur, et père, et mère !
A moi, rien ! — Je suis las, et j'ai la lèvre amère.

JEANNE

A vous rien ?

ANDRÉ

    Rien.

JEANNE

Ingrat ! Pourquoi comptez-vous donc
Mon amour ?

ANDRÉ

Ah ! c'est vrai !

JEANNE

Je vous aime.

ANDRÉ

:..Ah ! pardon !

JEANNE

Il faut que ce soit moi qui dise : je vous aime !
Ne pouviez-vous un peu me le dire vous-même ?
J'attendais, je croyais que ce mot vous viendrait...
Mais nous le connaissons si bien, notre secret !...
C'est encore un secret, oui, sans qu'il y paraisse,
Car on sait notre amour, mais non pas ma tendresse !

ANDRÉ

Ingrat, oui !... je devrais être heureux : je vous vois,...
Et j'entends votre cœur chanter dans votre voix !
— Ah ! je viens d'être injuste, et j'ai fait un reproche...
Tant mieux ! — J'ai pu sentir votre bonté plus proche,
Et respirer ces mots d'ineffable douceur
Que votre bouche pure a soufflés sur mon cœur !

JEANNE

Je sais bien ce qu'il faut à votre âme meurtrie :
C'est une voix qui parle avec câlinerie,

Quelque chose de doux, comme un vague baiser
Qui, glissant sur les doigts, vole sans se poser,
Ou comme une chanson du dormir, calme et bonne,
Qu'on murmure, au roulis d'un berceau monotone !

ANDRÉ

Sublime instinct ! c'est donc cela, l'amour sacré !
Je n'en avais pas eu ma part, mais je l'aurai !...
Votre tendresse a su, maternelle et divine,
Bercer en moi le pauvre enfant qu'elle y devine,
Qui, sous mon masque dur de travailleur viril,
Garde l'effroi naïf d'on ne sait quel péril,
Et l'éternel regret — poignant comme une offense —
Qu'une mère n'ait pas chéri ma vraie enfance !

JEANNE

Oui, je les sais, les mots dont vous avez besoin,
Et vous les entendrez toujours..., même de loin !

ANDRÉ, revenant à lui

De loin !... Ah ! oui, c'est juste ! au plus doux de l'extase
Mon destin ressaisit ma chimère et l'écrase !
Je n'avais droit qu'au rêve, et vous me reprenez
Tous ces bonheurs nouveaux qui me semblaient donnés !
(Il s'assied la tête dans ses mains.)

JEANNE

Non, je n'ai rien repris : vous avez toute l'âme.

ANDRÉ

J'oubliais, moi !... jamais vous ne serez ma femme !

JEANNE

Nous restons *fiancés !*

ANDRÉ, *s'abandonnant*

               Ah ! malheureux ! Comment
Ai-je pu, moi ! rêver le bonheur un moment !
... Paria sans amis, pauvre fils sans famille,
Je rêvais, à la voix de cette jeune fille,
Un avenir d'amour, le rachat, l'oubli fier...
Fou ! déjà consolé des abandons d'hier,
J'appuyais mon front pâle à sa tête charmante,
J'avais — pour aimer plus ! — une famille aimante !
Et je voyais — joyeux de vieillir pour les voir —
De blonds enfants penchés sous la lampe du soir !...

JEANNE

N'est-ce déjà plus rien, mon cœur pur — qui vous reste ?

ANDRÉ

Allons ! je suis de ceux dont la vie est funeste !

JEANNE

Non ! s'il en fut jamais, il n'est plus de maudits !...
Savoir qu'on est aimé, c'est tout le paradis !...
Écoutez, pauvre cœur, partout, quoi qu'il arrive,
Vous sentirez sur vous ma pensée attentive ;
Vous m'entendrez parler dans votre esprit, tout bas ;
Vous voudrez être seul, vous ne le pourrez pas !
Et je me donne à vous, comme une âme immortelle,
Dans la vie et la mort — et par delà — fidèle !

ANDRÉ

Elle me rouvre encor le ciel — avec un mot ! —
... Pardonnez à l'enfant, que vous berciez tantôt,
Un moment de faiblesse... un cri de jalousie !
Je vous dois de nouveau ma force ressaisie...
Je ne suis qu'un vaincu tombé sur le chemin,
Mais vous me relevez d'une si douce main
Que je sens, à l'endroit de la blessure, — un charme !

(Il se lève en la prenant par la main.)

Quel baume avez-vous mis sur mon cœur ?

(S'apercevant qu'elle pleure.)

Une larme ?

JEANNE, laissant s'incliner sa tête sur l'épaule d'André

Prenez-la, mon ami, d'un baiser sur mes yeux...
Il est si triste, ami, le baiser des adieux !

ANDRÉ, passionnément

... Point d'adieux, tu l'as dit !... Ce baiser, je l'emporte ;
Il me suivra partout, mon âme en devient forte,
Et, grâce à lui, ne peut être arrachée à toi !
Il me donne l'orgueil, le courage, la foi,
Tout l'invincible espoir qui fait aimer la vie !
Je reprendrai joyeux ma route mieux suivie.
Comment faiblir ? quelqu'un veut que je sois vainqueur !
Je ne suis plus seul : J'ai — contre mon cœur — un cœur !
Le tien ! — Ta force douce à la mienne s'ajoute :
C'en est fait du malheur, des colères, du doute !
Je t'aime ! — J'ai tenu ta tête entre mes bras.

(Ils se séparent, André la quitte vivement et, près de sortir, se retourne
vers elle.)

JEANNE

Jamais je n'oublirai ; jamais tu n'oubliras.

(André sort.)

SCÈNE IV

JEANNE, LE MARQUIS

LE MARQUIS

Ah ! bonjour !... je dois voir Robert, chère petite...
C'est du moins ce que veut sa mère, que je quitte.
Dites-le lui.

JEANNE

J'y vais.

(Elle sort.)

SCENE V

LE MARQUIS, seul

Pauvre femme, vraiment !

Ah !... elle sait souffrir !..... Mais quel étonnement
Quand j'ai fait ma réponse à cet aveu si triste !...
... Elle a bien expié, si la Justice existe !

SCÈNE VI

LE MARQUIS, ROBERT

LE MARQUIS, à Robert qui entre

Eh ! que m'avait-on dit !... Vous voilà ferme et droit,
Mon ami !... vous voilà hors d'affaire, on le voit :
Je suis content !

ROBERT

Monsieur, oui, je vais mieux, sans doute...
Je voulais vous parler, de mon côté.

LE MARQUIS

J'écoute.
Et d'abord, pour vous mettre à votre aise, Robert,
Je sais pourquoi, comment votre cœur a souffert....
Vôtre mal ne sera pas long... J'en vois le terme...

ROBERT

Ah ! monsieur !

LE MARQUIS

Je suis votre ami sincère et ferme.
Parlez. Vous voulez donc être soldat ? — C'est dur.

ROBERT

Un soldat, c'est quelqu'un de qui l'honneur est sûr.
Je veux être soldat, monsieur. — Je vous demande,
Monsieur le marquis, vous dont l'influence est grande

Sur ma mère, — de lui faire entendre raison.
Voyons, je ne peux plus rester dans la maison.
Vous en conviendrez bien, je ne pourrais sans honte
Demeurer ici. C'est sur vous seul que je compte,
Car vous seul comprendrez mon devoir — et mon droit,
Qui sont de ne plus vivre un seul jour sous ce toit.
Il faut que, grâce à vous, ma mère se résigne...
Que... son mari consente, — et dès demain je signe.
Je vais en Algérie. On peut mourir là-bas.

LE MARQUIS

Mais...

ROBERT

Oh ! je n'admets point que vous n'approuviez pas !

LE MARQUIS

Mais voyons, c'est peut-être aller un peu bien vite !
Réfléchissez, pesez.

ROBERT

J'ai pesé ma conduite
Dans mes nuits d'insomnie, à loisir, trop longtemps.
De grâce épargnez-moi des retards irritants...
S'il me fallait attendre un an ! un an encore !
Que ferais-je ? — Un soldat, voyez-vous, on l'honore ;
On dit : « C'est un garçon de cœur ; ce qu'il fait là
Est bien !... » — Si ma conduite est bonne, approuvez-la,
Ou montrez-moi la route : elle sera suivie.
De grâce, un mot de vous peut me rendre à la vie !
Si je fais bien, il faut le dire ! — Il a besoin,
L'enfant perdu, d'un bon conseil — et d'un témoin !

LE MARQUIS

Ah ! brave enfant, ta main ! et viens que je t'embrasse !

ROBERT

Oh !

LE MARQUIS

Tu peux marcher droit et regarder en face...
Écoute-moi... C'est une histoire de soldats :
Nous étions sous Paris. Je me battais là-bas,
A côté d'un ami d'enfance, un frère d'armes
A qui je ne peux pas penser encor sans larmes,
Le comte Saint-Aubly, charmant, brave et loyal.
Il reçut un éclat d'obus. — A Buzenval. —
J'accourus. — Il pansait lui-même sa blessure...
A la poitrine... « Allons, dit-il, la mort est sûre,
« Mais nous avons le temps d'échanger un adieu...
« J'ai, reprit-il, un fils ! »

(Mouvement de Robert.)

Oui, Robert.

ROBERT

Oh ! mon Dieu !

LE MARQUIS

Il te nomma. — « Je veux que ce fils soit un homme.
« Il est mon fils, malgré le nom dont il se nomme ;
« Sache-le ! Tu feras mon devoir en l'aimant... »
— Attends. — Il dit encor : « J'ai fait un testament
« Où je te lègue, et sans condition aucune,
« Ma terre et tout ce qui me reste de fortune...

9

« Cela peut revenir, s'il en est digne, un jour,
« A Robert », — comprends-tu ?... « S'il mérite l'amour
« De ta fille !... » Il sourit, pressa de sa main douce,
La mienne, dit : « Je meurs », — et mourut sans secousse.

ROBERT

Ah ! monsieur !

LE MARQUIS

Quand on a du cœur, rien n'est perdu !
— Je voudrais que tantôt ma fille eût entendu !
Qui sait? — ...Rembrasse-moi!... cette fois pour ton père!

(Ils s'étreignent de nouveau.)

Et maintenant, causons d'affaires... Tiens, espère !
Tout ça peut s'arranger... je vais m'en mêler, moi !
Mais surtout pas un mot à ma fille !

ROBERT

Ah ! pourquoi ?

LE MARQUIS

Que t'importe !

ROBERT

C'est la tromper.

LE MARQUIS

Ça me regarde.
Un ami me confie un secret: Je le garde.
Voilà tout. — Moi, je suis homme ; expérimenté;
Et ma fille — une enfant — a la sévérité.
Morale, qui convient aux enfants, à la femme !
Elle jugerait mal... La jeunesse déclame

Trop aisément au nom du devoir, sans savoir
Comment la passion s'affranchit du devoir !
Tu trouveras en moi le vrai, le seul refuge.
Elle jugerait mal : J'entends rester seul juge !
Et j'arrangerai tout... si tu ne lui dis rien.

ROBERT

Je viens de lui tout dire, — et je crois que c'est bien.

LE MARQUIS

Ah ! — Et qu'a-t-elle dit alors ?

ROBERT

     Elle s'est tue,
Immobile, debout, transformée en statue,
Les yeux droit devant elle, — et quand je suis sorti,
N'osant plus lui parler et comme anéanti,
Elle n'a même pas tourné vers moi la tête.
A ce moment, je crois l'entendre. Je m'arrête.
Elle a dit : « Puisque tout était déjà perdu ! »

LE MARQUIS

Rien de plus ?

ROBERT

    J'en avais bien assez entendu !
Je suis venu vous voir. Et Marthe, la fidèle,
Sur mon ordre à l'instant vient d'aller auprès d'elle.
Vous voyez donc, monsieur, que tout est bien fini,
Et qu'il faut que je parte enfin, comme un banni !
Celui que je nommais mon père — me déteste.
Famille, espoir, j'ai tout perdu : le devoir reste ;
Vous m'aiderez. Merci.

LE MARQUIS, *retenant la main que lui a tendue Robert*

Sois très sûr qu'au besoin
Je ferai tout. Je suis, tu l'as dit, — ton témoin !

(Robert sort à droite, accompagné du marquis qui, sur le seuil, lui presse encore la main. Pendant ce temps, Lebonnard, au fond, paraît, parlant à Marthe.)

SCÈNE VII

LE MARQUIS, *seul, puis* LEBONNARD

LEBONNARD, *à la cantonade, parlant à Marthe*

Va ! Robert est parti... Veille à ce qu'on nous laisse.

LE MARQUIS, *apercevant Lebonnard*

Voici l'homme... Craignons un retour de faiblesse !

SCÈNE VIII

LE MARQUIS, LEBONNARD

LEBONNARD

Je vous cherchais, monsieur.

LE MARQUIS

Monsieur, j'allais à vous.

LEBONNARD

Savez-vous que Robert nous désespère tous ?

LE MARQUIS, surpris

Tous ! Et comment ?

LEBONNARD

Il veut faire cette sottise
De s'engager. Mon Dieu, monsieur, quoi qu'on en dise,
Être simple soldat, c'est un méchant métier,
Quand on fut riche, et qu'on a des goûts d'officier !
Il sera malheureux, là-bas, comme les pierres ;
Pour moi, je n'ose lui parler, mais vos prières
A vous, vos bons conseils, monsieur, nous le rendront.

LE MARQUIS, froidement

Ce jeune homme a subi chez vous un dur affront,
Cher monsieur ; — je n'ai pas à juger cette affaire, —
Mais son départ devient en tous cas nécessaire.
Il a du cœur. Il est sans fortune aujourd'hui,
Et peut-être avez-vous été cruel pour lui !...
Pour quelle faute avoir, d'une telle souffrance,
Frappé ce jeune cœur, juste en pleine espérance,
Et repris à l'enfant, — si tard, — l'honneur du nom,
Vous en êtes seul juge, et je ne dis pas non.
Robert, lui, doit partir. Il a le vrai courage :
Qu'il soit soldat ! je suis d'avis, moi, qu'il s'engage,
Mais il nous faut, monsieur, votre consentement...

LEBONNARD, avec joie

En effet !... Ah ! tant mieux : je refuse !

LE MARQUIS

Comment !

Son devoir, songez-y ! — Son droit, — dit-il lui-même, —
C'est de vous délivrer...

LEBONNARD, éclatant

             De lui ! moi ! mais je l'aime,
Monsieur ! et j'ai prouvé, je pense, assez d'amour,
Et sans me démentir, en quinze ans, un seul jour !
Ça n'a pas empêché ce moment de colère...
Voyez-vous.... Je venais de parler à sa mère....
Ils voulaient marier tous deux Jeanne à leur gré....
Robert entre et, voyant que sa mère a pleuré,
Il m'insulte !.... croyant qu'il insultait son père ! —
Que fait un père, un vrai, quand son fils l'exaspère ?
Que fait-il ? que dit-il, surtout s'il l'aime bien ?
Ce que j'ai répondu, je n'en saurais plus rien,
Mais ce que j'avoûrai, c'est que, hors de moi-même,
Je me sentis tremblant d'indignation, blême
De rage folle, et j'ai, pour la première fois,
Vu pâlir cet enfant et sa mère, à ma voix !
....' Peut-être aurais-je pu souffrir encor, me taire,
Me commander ! oui, mais.... le cœur est un mystère !
Et, quinze ans de silence éclatant dans un cri,
Mon œuvre de quinze ans dans une heure a péri !

(Il tombe accablé sur son siège et s'essuie le front avec angoisse.)

LE MARQUIS, le considérant, à lui-même

C'est vrai, qu'il l'aime !

LEBONNARD

           Eh bien, non ! ce n'est pas possible !
Robert ne peut pas être à ce point insensible

De ne comprendre pas mon chagrin... mon remord !
Tenez je ne sais plus.... dites-lui que j'ai tort...
Que je le sens.... que j'ai souffert un long martyre
Pour lui !... Je ne sais pas, moi, ce qu'on peut lui dire !...
Que j'ai longtemps caché, pour ma fille — et pour lui ! —
Pour tous deux, le secret dont il souffre aujourd'hui !
.... Et je perdrais le fruit d'un si long sacrifice,
Par ma faute ! — Non, non, s'il a de la justice,
Il me pardonnera.... Le voilà, son devoir !...
.... S'il savait !... mais jamais il ne pourra savoir !

(On voit Robert paraître au fond, malgré les efforts de Marthe à qui il fait signe
de se retirer.)

SCÈNE IX

LE MARQUIS, LEBONNARD, ROBERT

LEBONNARD, se levant sans voir Robert

Je vois : vous comprenez mal aisément vous-même,
Sachant ce que je sais, pourquoi, comment je l'aime :
C'est si simple !... Le jour où je l'appris, d'abord,
J'appris en même temps que *le père* était mort !..
Où la mort passe, tout, pour un moment, s'apaise,
Et le plus irrité sent qu'il faut qu'on se taise !
... Robert avait cinq ans ; Jeanne, dix ; — deux démons !
Nos enfants, rien ne dit comme nous les aimons !
On ne s'explique pas ! Mais ça tient aux entrailles !
Ah ! mon cœur fut mordu comme avec des tenailles,
Quand, jaloux, stupéfait, furieux, incertain,

J'appris, par une lettre égarée, un matin,
Que ce fils... n'était pas mon fils! Oh! quel vertige!
Comment je ne devins pas fou, c'est un prodige!
Je savais pourtant bien qu'elle ne m'aimait pas...
Mais qu'un autre!... Et je pris cet enfant dans mes bras!

LE MARQUIS

Oh!

LEBONNARD

De quel droit viens-tu, toi, toi! prendre à ma fille
Une part de son bien, fils de rien, sans famille,
Sans nom!... bâtard! — J'avais de ces cris plein le cœur!
— Mais l'enfant me riait. Il appelait sa sœur...
Que m'avait-il fait, lui? — L'aimais-je pas la veille?
Il tendait, vers ma bouche, une bouche vermeille,
Et quand il attachait son bras faible à mon cou,
Comment le dénouer rudement, tout d'un coup?
Comment le rendre, lui, l'innocent, responsable?
— Et cet amour de père était inguérissable!

LE MARQUIS

Pauvre homme!

LEBONNARD

J'ai voulu guérir; j'ai bien tâché!
Mais c'est par ma douleur que je suis attaché!
En l'éloignant de moi, je saigne trop... Je l'aime
Ayant trouvé plus doux de le chérir quand même!
Eh! mon Dieu! Ce qui rend à la femme si cher
Son enfant, c'est qu'il l'a fait souffrir dans sa chair,

Eh bien! cet enfant-là, — vous comprenez, j'espère? —
Par de grandes douleurs, je suis resté son père!

(A ce moment Robert, n'y tenant plus, s'avance sans être vu de Lebonnard,
    et lui saisit la main. Lebonnard se retourne vivement et met ses mains sur
    les épaules de Robert.)

Mon enfant! Mon enfant!... Tu restes, n'est-ce pas?
Il faut oublier... Dis que tu nous resteras...

ROBERT

C'est impossible. Non. Mais mon âme est tout autre
Et je renais, — depuis que j'ai vu dans la vôtre.

LEBONNARD

Va, reste... pour ta mère!... Et reste pour ta sœur.

ROBERT

Non. Votre probité m'approuve au fond du cœur.

LEBONNARD

Oui, j'entends, je comprends la fierté qui t'anime,
Et pourtant...

ROBERT

Laissez-moi regagner votre estime.

LEBONNARD, comme frappé d'une idée

Attends-moi là.

SCÈNE X

LE MARQUIS, ROBERT

ROBERT

Que va-t-il faire?

LE MARQUIS

Je crois bien

Deviner.

SCÈNE XI

Les Mêmes, LEBONNARD, amenant sa fille par la main

LEBONNARD, à sa fille

Ton cœur seul peut nous rendre le sien.
Va, va !...

(Il sort.)

SCÈNE XII

LE MARQUIS, ROBERT, JEANNE

JEANNE

Je suis ta sœur, moi, Robert, je te reste.
Je t'aime mieux qu'avant, frère, je te l'atteste.

Tout ce que j'ai, mon frère, est à toi par moitié :
... D'une sœur, on accepte.

ROBERT

                    Oh ! Jeanne ! par pitié !...
Vous me torturez tous ! — Je t'ai fait tant de peine.
J'aurais dû m'attirer ton mépris et ta haine.
Laisse-moi ! Tant d'amour, qu'on ne mérite pas,
Cela fait mal, vois-tu !

JEANNE

                Dis que tu resteras !

ROBERT

Je ne peux pas, non, non !

                                    (Au marquis.)
                    Expliquez-lui, de grâce,
Que j'ai raison, monsieur. Que veut-on que je fasse ?
Il faudrait cependant me laisser... On a tort
D'insister... Ce n'est pas bien aisé, d'être fort !
Il reste à mon départ une raison suprême,
D'ailleurs : j'ai pour toujours perdu celle que j'aime ;
Ainsi...

                            (Voyant entrer Blanche.)
        Dieu ! la voilà !... Que va-t-il m'arriver ?

JEANNE

Je t'aime bien, Robert, je vais te le prouver.

SCÈNE XIII

Les Mêmes, BLANCHE, amenée par LEBONNARD

LEBONNARD, tenant Blanche par la main

Ma fille vous attend.

JEANNE

    Blanche, aimes-tu mon frère?

BLANCHE

Oui.

JEANNE

Lui retires-tu ton estime?

BLANCHE

      Au contraire.
Je sais qu'il a montré du courage à souffrir.

JEANNE

S'il te perd, il se perd, Blanche. Il peut en mourir.
Écoute. — Le secret de sa peine profonde
Ne sera pas connu, jamais connu du monde.
Écoute-moi. — S'il reste encore à ton refus
Un autre motif, rien qu'un seul, — tu n'en as plus!

Mon frère heureux, — était-il juste que je fisse
De mon bonheur au sien, un complet sacrifice ?
Je ne le croyais pas ! Mais tout change aujourd'hui.
Ce n'est plus le bonheur qui s'éloigne de lui :
C'est le malheur qui fond sur lui, si je persiste
A me marier... Non ! ma noce serait triste,
Blanche, — et nous souffririons d'un éternel remord...
Je parle au nom d'André, car nous sommes d'accord.

LE MARQUIS

Vous, vous êtes un ange !

ROBERT

Oh ! ma sœur !

BLANCHE

                                    Quelle femme
Serais-je, de ne pas subir ta grandeur d'âme ?
Vois-tu, quand tu parlais pour toi, — c'était hier, —
Ton bon cœur se brisait contre mon cœur trop fier,
Et je trouvais le tien trop facile et trop tendre.
O Jeanne ! mon esprit refusait de t'entendre.
Aujourd'hui, c'est, en moi, le cœur qui s'attendrit.
La douleur et l'amour soumettent mon esprit :
Je souffre où tu souffrais, de la même manière,
Et j'ai honte d'avoir repoussé ta prière.
Je ne comprenais pas : je n'avais pas souffert.
La douleur a frappé mon cœur ; il s'est ouvert,

Ouvert tout grand; pour toi, pour lui,... celui qui t'aime!
Merci... Tu m'as laissé te le nommer moi-même!
Rends-moi donc ma fierté : reprends ton dévoûment.
J'ai bien compris. Je vois qu'on est faible, en aimant,
Faible.... ou forte plutôt! Eh bien! ma sœur chérie,
Epouse André, — si tu veux que je me marie!

(Les deux jeunes filles s'embrassent. Robert ému saisit la main du marquis qui
lui a tendu la sienne. Lebonnard est demeuré tout seul, un peu à l'écart
des deux groupes et très éloigné de Robert.)

LEBONNARD

Robert!

(Il lui tend les bras. Robert s'y précipite avec un cri.)

ROBERT

Oh!

LEBONNARD, tenant Robert embrassé

Tout est bien oublié, dis, j'espère

ROBERT

Ah! Monsieur!

LEBONNARD, à sa fille

Dis-lui donc de m'appeler son père!

(Il se dégage.)

Allons, les gens heureux, qu'on aille prévenir...

BLANCHE, souriant

Monsieur André?... J'ai cru pouvoir le retenir...
Marthe sait qu'il est là...

SCÈNE XIV

Les Mêmes, MARTHE

MARTHE, entr'ouvrant la porte

Oui, j'y vais !

(Elle disparaît.)

BLANCHE, à Jeanne

J'étais prête.

LE MARQUIS

Me voilà content !

BLANCHE

Moi, fière de ma défaite !

LEBONNARD

Eh bien, mes bons amis, allez voir maintenan

La mère. — Allez-y tous.

(A Robert.)

Conduis-les, mon enfant.

(Tous sortent, à l'exception du marquis et de Lebonnard.)

SCÈNE XV

LEBONNARD, LE MARQUIS

LEBONNARD

Il faut bien qu'elle sache au plus tôt... C'est la mère.

LE MARQUIS

Avec qui vivra-t-elle ?

LEBONNARD

Avec moi... Comment faire ?
Qu'y a-t-il de changé ? Pour moi, je vous promets
De redevenir faible et vieux plus que jamais !...
Il faut savoir mourir... C'est une pauvre femme !

LE MARQUIS

Ma fille a dit le mot : c'est de la grandeur d'âme !
Cher monsieur Lebonnard !

LEBONNARD, flatté

Ah ! Monsieur le marquis !

LE MARQUIS

C'est vous qui nous avéz tous vaincus, tous conquis !
Votre bonté triomphe : elle a tout fait, en somme.

LEBONNARD, enchanté

Ah!... Monsieur le marquis... vous êtes gentilhomme !

FIN

Paris. — Imp. PAUL DUPONT, 4, rue du Bouloi (Cl.) 79.10.89